加谷珪一

これからの
お金持ちの教科書

CCCメディアハウス

新しい時代は、

だれにでもチャンスが訪れる。

差を生むのは、

その変化に気付くか

気付かないかだけである——

はじめに

「新しい資本の時代が始まろうとしている」

これが本書の主要なテーマである。スマートフォンの普及によって、だれもが場所と時間に関係なくインターネットに接続できる環境を手にした結果、ビジネスのインフラに本質的な変化が訪れようとしている。仕事に必要なあらゆるリソースがネット上で手に入り、すべてのプロセスをネット上で完結できる可能性が見えてきたのである。

この動きは、互いに顔を突き合わせ、集団で行動することを基本としてきた日本のビジネス環境に大きな変化をもたらす可能性を秘めている。

各人が場所の制約を受けないITデバイスを持つことになると、これまで「無価値」として捨てられていた隙間時間に「価値」が生じ、仕事の効率を最大化できる。その結果、集団ではなく、自己完結的に仕事を進めたほうが、全体の生産性が高くなってくる。仕事の進め方は、今よりもずっとパーソナルなものになるだろう。

こうした変化は、「お金を稼ぐ」という概念にも影響する。

これまでの時代には、お金持ちになれる人といえば、起業家か投資家と相場は決まっていた。資本主義の仕組み自体がそうなっていたからである。だが新しい資本の時代には、事業者と消費者の区別は曖昧になる。インターネットを使って不特定多数の人が仕事を請け負えるようになるため、これまで「消費者」だった人が、いとも簡単に「提供者（起業家）」に変身することができる。

話はそれだけにとどまらない。

インターネットが本当の意味での社会インフラとなれば、すでにあるモノを皆で共有する「シェアリングエコノミー」が発達する。既存のモノを流用するだけで、たいていのことが実現できてしまう社会がやってくるのだ。そうなると、事業の立ち上げに必要な資金や手間が劇的に小さくなり、事業に対するイメージが根本的に変わってくるのである。

起業家になるためには、かなりの人脈や能力、そして体力が求められた。これまでの社会において、「資本」を持つ人のパワーは絶大だったのである。だが、新しい資本の時代には、事業の立ち上げに多額の資金を必要とせず、場所や時間の制約が今よりもずっと少なくなるだろう。

つまり、すべての人に、副業として起業できるチャンスが巡ってくるのである。

すでに、自身のアイデアだけを武器に、大きな自己資金を投じることなく新しいビジネスを立ち上げ、あっという間に億単位のお金を作る人が続出している。10年後には、会社員、起業家、フリーランスの垣根は限りなく低くなるはずだ。もしかすると、すべてのビジネスパーソンが副業を持つ「プチ起業家」になっているかもしれない。これこそが、新しい資本の時代における、新しい稼ぎ方なのである。

本書は、10年後の未来を前提に、どうすれば「お金持ち」になれるのか、6つの項目でまとめたものである。

第1章では、「新しい資本の時代」がすでに始まっている現状について解説した。世間にあまり知られることなく、短期間で億万長者になる人が増えているが、こうしたことを実現できるようになった背景について分析している。

第2章では、新しい資本の時代の原動力となった情報技術について説明した。キーワードはスマートフォンとクラウドである。従来のインターネットと今のインターネットは質的に異なる存在であることが理解できるだろう。

第3章は、新しい資本の時代における「稼げる人」の定義についてである。近い将来、仕事の進め方が大きく変わる可能性が高く、高い評価を受ける人物像は、今とはだいぶ異なったものになる。経験値が有効ではなくなる可能性についても触れた。

第4章は、新しい資本の時代における資本のメカニズムについてである。巨額の資金に対するニーズが減ってきたことで、資本主義のルールが変わりつつある現状について分析した。資本の役割が低下することで、経済成長の概念や社会の秩序にも影響が出てくるかもしれない。

第5章は、情報についてである。資本の役割が低下する一方で、より重要性が高まっているのが情報である。幅広い知識やノウハウを持っていることは重要だが、いくら知識の幅が広くても、それを十分に生かせなければ意味がない。ネット上に分散する無数の情報を体系化し、活用するための方法について解説した。

第6章では、新しい資本の時代において、どうすれば稼げるようになるのかについてまとめた。自身が持つ特技を商品として再構成する知恵を持ち、スピード感を持ってそれに取り組める人が、この時代の勝者となる。論理的であることは今よりもさらに重要となってくるし、こうした流れは論理とは無関係と思われていた感性の分野にも波及する。

これから訪れる変化は、もしかすると戦後最大級のものとなるかもしれない。多くの人にとってチャンスであると同時に、従来の慣行に依存する人にとってはピンチとなる。変化がもたらす影響が極めて大きいことを考えれば、できるだけ早く準備をしておいたほうがよい。これは、変化についてポジティブに捉える人にとっても、ネガティブに捉える人にとっても同じことである。

これからのお金持ちの教科書　目次

I

すでに始まっている「新しい資本の時代」

姿の見えない億万長者たち

これまで「億万長者」というのは非常にわかりやすい存在であった。

日本の億万長者の代表といえば、ソフトバンクの孫正義氏やユニクロの柳井正氏といった事業オーナーということになるだろう。少し時代を遡れば、西武鉄道グループの堤義明氏や森ビルの森稔氏などの名前を思い浮かべるかもしれない。

ソフトバンクの孫氏が事業をスタートさせたのは1981年で、今から34年も前のことである。今でこそソフトバンクは世界を代表する通信会社だが、もともとはパッケージ・ソフトウェアの流通や出版という非常に地味な業態からのスタートだった。同社が株式を店頭登録（今でいうところの上場）したのは、事業開始から13年後の1994年のことである。それでも当時は超スピード上場として話題になった。

一方、ユニクロを運営するファーストリテイリングが広島証券取引所に株式を上場したのは、ソフトバンクと同じく1994年のことだが、創業はさらに古い。同社の前身である小郡商事の設立は1949年、創業者の息子である柳井氏が現在のユニクロの基本形となる店舗を広島に出店したのは１９８４年である。

両社とも、ビジネスの基本形が成立し、それが軌道に乗って、株式を上場するまでに10年以上の歳月を要している。それでも、株式上場という、手っ取り早く巨額の資産を形成できる手段がある分、富を得るまでの時間は短縮することができた。

株式上場という手段を用いない場合、富が巨大化するまでにはさらに時間がかかる。

西武鉄道グループが事業を開始したのは戦前である。戦後の混乱もあり短期間で大きな資産を形成することに成功したが、それでも米フォーブス誌の億万長者ランキングに載るような富を得るまでには、数十年の期間を必要としている。森ビルも創業は１９５５年なので、やはり半世紀以上の時間をかけてここまでの資産を形成したことになる。

２０００年のネットバブルはほんの序の口

この状況を大きく変えたのが、２０００年のネット企業ブームである。ベンチャー企業が簡単に上場できるようになったことで、より短期間で億万長者となる起業家が増えてきたのである。

当時を代表する起業家は、楽天社長の三木谷浩史氏やホリエモンこと堀江貴文氏などだろう。ホリエモンがライブドアの前身となるオン・ザ・エッヂを設立したのは１９９７年で、マザーズに上場したのは２０００年である。三木谷氏が楽天を設立したのは、やはり

1997年のことであり、株式を上場したのも、同じく2000年であった。

その他のネット企業の多くも、創業から数年で株式を上場しているので、ひとつ以上前の世代から比較すると、富が生まれるまでの時間は劇的に短くなったといってよいだろう。だが、こうした状況はすでに過去のものとなりつつある。最近では、設立からわずか数か月で企業を売却し、上場することなく巨額の富を生み出すケースが続出しているのである。

しかも、そうした企業の中には、オフィスはもちろん、組織という点では会社の形態にすらなっていないところも多い。ノートパソコンを使って自宅で始めたビジネスが大手ベンチャー企業の目にとまり、会社としての組織を作り上げる前に、次々と買収されていくのである。創業した人物の手元には、あっという間に数億円から数十億円という金額が転がり込んでくる。

なかには、こうして大金を得ると、すぐに次の事業をスタートさせ、再び事業を売却して富を得る「シリアル・アントレプレナー（連続起業家）」と呼ばれる人たちも登場している。

三木谷氏やホリエモンが会社を作ったばかりの頃は、当時の年配者から、「あんなものは会社とは呼べない」などと散々な罵声を浴びせられた。そうはいっても、楽天もライブドアも、しっかりとしたオフィスを構え、人を雇い、会社組織を構築していた。そうではないネット企業もあったかもしれないが、大きな富を生み出そうと考えるのであれば、ある程度の体裁は必須だったのである。

筆者も起業経験があるが、こうしたビジネスインフラの構築には結構な手間がかかる。場所と通信手段を用意し、人を雇うだけでも、相当の事務作業が発生する。創業直後の起業家は、一日の約３分の２をこうした本業とは関係ない作業に費やす。三木谷氏が「ベンチャー企業は労働基準法の適用除外とすべき」と発言し物議を醸したことがあったが、この体育会的な発想は、おそらく創業当時の体験から来ているのだろう。ここでは発言の是非について議論しないが、三木谷氏の時代までは、多かれ少なかれ、起業というのはそういうものだったのである。

楽天はすでにオールドエコノミー

だが、最近のビジネスには、そのようなものは一切必要ない。

会社の組織や連絡先といった体制が確立していなくても、事業を軌道に乗せることが可能となり、それはすぐに何億、何十億円という買収のターゲットになる。暮らしに関するキュレーションメディア「ｉｅｍｏ（イエモ）」がＤｅＮＡに推定20億円で買収されたのは、創業者がたったひとりで事業をスタートさせてから、わずか９か月後であった。

こうしたことが実現できるようになったのは、インターネットが生活やビジネスのインフラとして完全に定着したからである。さらに言えば、ひとり１台ずつスマートフォンを持つようになり、場所に関係なくネットにアクセスできる環境が整ったことが決定的な影響を与えている。

ネット上には実に様々なサービスが存在しているが、ネットはもともと顔が見えないサービスであり、そこでは会社の体裁はあまり重視されない。利用者にとって便利で有用であれば、すぐに受け入れられる。

これまでの時代なら、どんなサービスであっても、会社の体裁を整え、社会的な信用を得なければビジネスがスタートしなかった。楽天もライブドアも、ネットという新しいツールを活用したという点では新しかったが、生まれたときからＩＴ環境が整っているデジタルネイティブを基準に考えれば、これらはすべて「オールドエコノミー」ということになる。

今日も、こうした「見えない億万長者」が次々と誕生している。10年後の社会では、小さな隣の億万長者がさらに増えているだろう。自分がそうした立場になれるかなれないかは、今からの行動にかかっているのだ。

あらゆる個人が「サービス提供者」になる

ネットビジネスの地殻変動は、新しいサービスを開発する起業家にだけ関係するものではない。近年ネットサービスの事業者は、無数の個人をネットワーク化し、その労働力を自社のビジネスに活用しようとしている。個人がこれをうまく利用することによって、ちょっとした隙間に結構なお金を稼げる時代になっているのだ。

日本全体からみれば、まだ、馴染みのある存在というわけではないが、最近、一部の人たちの間では、「民泊」が結構なブームとなっている。きっかけになったのは、アメリカのベンチャー企業が手がける「Ａｉｒｂｎｂ（エアビーアンドビー）」というサービスだ。宿泊したい人と、自宅を宿泊施設として提供したい人を、インターネットで仲介するというもので、２００８年にアメリカでサービスを開始して以降、あっという間に世界に普及した。現在では１９２か国で80万件以上を仲介している。

このサービスを使って自宅、あるいは所有しているマンションなどをホテル代わりに貸し出したい人は、Ａｉｒｂｎｂのサイトに登録する。１泊いくらで部屋を提供するのか、場所はどこか、部屋にはどんな特徴があるのかなど、各種情報をシステムに登録し、利用者が現れるのを待つのである。

部屋を使いたい人は、登録された部屋の中から希望のものを選択し、空いていれば、お金を払ってその部屋を利用する。Ａｉｒｂｎｂ側は、利用者が支払った宿泊料の一定割合を仲介料として徴収する仕組みだ。

アメリカではこうしたサービスを使って他人の家に泊めてもらいながら旅行する人も多く、自分が家を空けるときには、小遣い稼ぎに家を貸し出す人も多い。また、自分が持っている別荘を貸し出すほか、投資用のマンションを、特定の住人に長期間貸し出すのではなく、数日単位の貸し出しを繰り返すことで、より高い利回りを実現している人もいる。

自宅をホテル代わりにして年収が2倍に

これまでは、ネット事情に詳しい一部の人が、Ａｉｒｂｎｂに登録し、ひっそりと自宅を提供していただけだった。だが２０１４年、同社の日本法人が設立されてからは状況が一変した。自宅を民泊に提供する人が急増し、今では１万件以上の家が同社サイトに登録されるという状況になった。価格帯も１泊数千円から数万円まで様々だ。

登録しているホストの中には、家族総出で本格的にサービスを展開している人や、Ａｉ

ｒｂｎｂ専用に投資用マンションを購入する人も現われている。今のところ外国人の利用が多いので、東京タワーや浅草など著名な観光地の近辺では、かなりの宿泊料を取ることができる。なかには、サラリーマンの収入をはるかに超える金額をＡｉｒｂｎｂで稼ぐケースが出てきているという。

実は、こうした行為は日本の旅館業法に抵触する恐れがある。

対価を得て客を宿泊させるには、必要な装備を設置した上で自治体から営業許可を取る必要があるのだが、当然のことながら旅館業の登録をしているホストなどほとんどいない。

一般家庭がプライベートな形で対価を得たとしても、それが継続的に繰り返されれば、旅館業と見なされる可能性は高いだろう。利用形態によっては不動産関連業法にも抵触するはずだ。

だが、外国人観光客が急増しているにもかかわらず、安価な宿泊先が少ないという現実的な課題が存在することや、こうしたサービスがグローバルスタンダードとなりつつあることから、法律の議論よりも普及が進んでしまっているのが現状である。

筆者は法律の枠組みを超えた、こうした新しいサービスについて一方的に是認するつもりはない。だがＡｉｒｂｎｂのような新しいネットサービスは、これから次々と登場してくる可能性が高く、既存の法的枠組みや商習慣に固執していては、社会全体として時代に取り残されてしまうことは確実だろう。

こうしたネットを使った新しいサービスは、競合する既存企業にとっては脅威かもしれないが、一方で、ネットを活用できる個人にとっては、大きなビジネスチャンスとなる。

やがては銀行業務も個人が担うようになる？

タクシー配車サービスの「ＵＢＥＲ（ウーバー）」も、すでに一部の地域でサービスを提供しているので、日本でもその存在が知られつつある。

ＵＢＥＲは、スマホを使って近くにいるタクシーを簡単に呼び出せるというものだが、特に物議を醸しているのが、既存のタクシーではなく、一般人が自身の車を使ってタクシーに近いサービスを提供する廉価版のサービスだ。

これは各国の法制度の解釈によるので一概に断定はできないが、いわゆる「白タク」に近いビジネスということになる。諸外国では自分が運転手となってマイカーを登録し、あたかもタクシーのように客を乗せる人が相次いでいるという。タクシー業界はこれに猛反発しており、各地でトラブルが頻発している。日本でも福岡で実施していた検証プログラムについて、国土交通省が道路運送法違反の可能性があるとして指導を行なった。

もし自家用車を持っている人の一定割合がウーバーなどに登録し、にわかタクシー運転手になったらどうなるだろうか？　社会の様子は一変することになるだろう。

２０１４年12月には、ニューヨーク証券取引所に画期的なサービスを提供するベンチャー企業が上場した。銀行に代わって個人の融資を仲介する「レンディングクラブ」である。お金を借りたい個人と貸したい個人をネット上で仲介し、手数料を取るというビジネスモデルは、まさにＡｉｒｂｎｂの金融機関版といってよい。個人を中心とした新しいネット社会では、銀行業務すら個人に開放されてしまうのだ。

ネット上の金融インフラとしては、このところビットコインが急激な勢いで普及している。日本政府は通貨としては認めないという方針で、具体的な対応は放置した状態にあるが、諸外国では新しい通貨インフラとして普及が進んでいる。

ネット上の新サービスとビットコインのような新しい通貨は非常に相性がよい。今後ビットコインがさらに普及することになれば、ネットのインフラはグローバルなレベルでより強固なものとなっていくはずだ。

ネットによる「中抜き」は、これから本格化する

多くの仕事が企業から個人にシフトし、それを担っていた既存企業が〝中抜き〟されるという流れは、ネット通販の巨人である米アマゾンが本格的に動き出したことで、一気に加速しそうな状況となっている。

無数の個人の力を総動員する

現在アマゾンは、アプリを使って個人に荷物の配送を依頼するシステムを開発している。このシステムに登録した個人は、自分が移動する予定の地域に配送予定の商品が存在した場合、宅配業者の代わりにその商品を顧客に届け、配送料をもらうことができる。

このシステムが実現すると、友達の家に行く前に、アマゾンのアプリを立ち上げ、目的地の近くに荷物を配送する先がないかをチェックし、もしあれば配送を行って代金を受け

取る、といったことができるようになる。自分の用事を済ますついでにお小遣いをもらえる、というお得さを考えると、多くの人が配送請負人として登録する可能性があるだろう。

実は同じようなサービスが、すでにアメリカではいくつか立ち上がっている。

荷物を送りたい人と荷物を運びたい人をネット上でマッチングするサービスがすでに存在しており、自分が出張するついでに、お小遣いをもらって荷物を配送するという行為は特別なことではなくなっているのだ。

もともとアメリカには、ネットの掲示板などを使って人を探し、ちょっとした仕事を依頼するという習慣が根付いている。アプリを使ったサービスは、こうした習慣をシステム化したものに過ぎない。

だが、アマゾンの流通量は膨大であり、同社が本格的にこの分野に参入した場合、個人に委ねられる割合がごく一部だとしても、流通業界にとって大きなインパクトとなるのは間違いないだろう。アマゾンの参入をきっかけに、個人への業務委託が一気に加速する可能性がある。

ネットを介して個人が仕事を請け負うサービスが社会に普及すると、ビジネスの仕組みが大きく変わってくる。これまで事業者でなければできないと思われていた多くのことが個人にも開放され、企業の存在価値があらためて問い直されるからである。

アマゾンが検討している配送業務を例に考えてみよう。

宅配事業者や郵便局といった従来の運送事業者は、全国津々浦々にまで荷物を配送するため、莫大な設備投資を行ってきた。また、各地に多くの配送担当者を配置している。

運送事業者がこれだけの設備投資や人件費の負担に耐えられるのは、ひとたびこうしたインフラを構築してしまえば、国内の輸送ニーズのほとんどを取り込み、大きな収益を生み出すことができるからである。つまり運送事業者は、これだけの規模があってはじめて、全国津々浦々への配送が可能となる。

言い換えれば、本来個人で完結できるはずの荷物の配送を、特定の事業者が寡占的に請け負うという壮大な無駄があってこそ、運送事業が成立するということでもある。

しかし、ネットで荷物を送りたい人と運びたい人をマッチングすれば、荷物の移動の一定割合は個人間のやり取りだけで済んでしまう。既存の運送事業者は、現在のような配送センターや人員を維持することが難しくなるだろう。結果として、事業規模を大幅に縮小するという状況に追い込まれる可能性が高くなってくる。

壮大な無駄によって生み出されていたもの

これまでのサービス事業者は、大規模な需要があるところにのみ、大きな資本を投下して画一的なサービスを提供してきた。だが、新しいネット社会では、わずかな需要とわずかな供給であっても双方をマッチングすることができ、そこに対価を発生させることが可能となる。本当の意味で、すべての個人がサービスの提供者と利用者を兼ねるという社会が実現してしまうのだ。

こうした新しい社会システムが広がると、これまで存在していた仕事の多くが、実は〝無駄な存在〟だったということにもなりかねない。多くの人に小遣いを稼ぐチャンスが出てくる一方で、多くの雇用が失われる可能性が出てくるのだ。

また、個人に開放される業務のほとんどは、付加価値が低く、大きな対価は発生しないものである。したがって、仕事の機会は増えるものの、労働者が受け取る賃金は全体として低下する、という現象が起こる可能性も指摘されている。こうした仲介業務で大きな利益を上げる事業者が出てくる一方、社会に無駄が存在することで利益を得ていた人の立場は大幅に低下してしまうだろう。

規制が厳しい日本は特にその傾向が強いが、既存ビジネスを脅かすこうした存在に対して、それを拒否する動きが出てくるかもしれない。前述のウーバーに対してはすでに世界各国でタクシー運転手らが反対の声を上げ、一部の国ではウーバーの事業に規制を設け始めている。

しかし歴史が証明しているように、有益なツールが登場すると、たとえ、どんなに感情的な反発があっても、最終的には社会に浸透していく。おそらくこうしたマッチングサービスも同じ結果となり、反発があったとしても、最終的には利用者に受け入れられ、普及が進んでいくと考えられる。

このような時代にあっては、淘汰されていく事業にしがみつくのは非常にリスキーな行為である。感情的な部分はとりあえず脇に置いておき、状況を冷静に分析する必要があるだろう。

もし、日本でもこのようなサービスが普及するということになったら、最初に目指すべきはこうしたサービスを提供する側になることである。この層に加わることができる人の割合は、非常に少ないが、ここには大きな利益が転がり込んでくるだろう。

こうした事業を提供することができなくても、効率よくサービスを請け負う側に回ることができれば、自身の収入を拡大させることも可能となる。ホテル代わりに自宅を提供している人などはまさにこれに該当する。

もっとも選択してはいけないのが、消滅する側の事業に居続けることと、付加価値の低いサービスだけを請け負う人になってしまうことである。

医師や弁護士の給料が高かったのはなぜか？

昭和の時代までは、高額所得者の代名詞といえば医師や弁護士であった。もちろん、医師や弁護士には高い専門知識が求められるので、その分、付加価値が高い仕事であることは間違いない。だが、ほかにも専門知識を必要とする仕事はたくさん存在しているにもかかわらず、医師や弁護士の年収は突出していた。

その理由は、政府が人為的に市場メカニズムをコントロールし、供給を制限するとともに、価格競争が起きないように統制していたからである。

官に近いほど利益を得やすかった

医師や弁護士は国家資格が設定されており、この資格を取らずに業務を行った場合には犯罪になってしまう。まずはここが重要なポイントである。国家権力によって参入を制限し、供給過剰が発生しないように人為的に市場をコントロールしていたのである。この措置によって、医師や弁護士の年収は一定以下には下がらないような仕組みになっていた。

また、医療について日本は国民皆保険制度をとっており、診療報酬や薬価などは国が決定するので、値引きという概念も存在しない。弁護士の世界には、こうした制度はないが、参入規制は医師より厳しく、報酬も一定以上になるようなガイドラインが設定されていた。こうした仕組みが緻密に構築されたことで、彼らの高給は保障されてきたのである。

国家資格を認定するのは当然政府なので、医師や弁護士の上には、官僚組織という利権が存在することになる。官僚組織とそれを取り巻く専門家集団による利益共同体、といったところだろう。

医師や弁護士だけでなく、日本の大手企業も多かれ少なかれ、こうした官を中心とした〝護送船団〟を形成してきた。一般的に日本では、その企業が生み出す本質的な付加価値水準とは関係なく、「官に近い業種ほど利益率が高い」という現実がある。

日本のエアラインは政府の規制にがっちりと守られた産業の代表だったが、パイロットの年収は一時期3000万円にも達していた。これは、国際標準の2～3倍である。

それでもエアラインの経営が成り立ってきたのは、政府が新規参入を規制し、諸外国に比べて圧倒的に高い航空運賃を維持してきたからである。つまり、高い運賃という〝目に見えない税金〟を国民から徴収し、エアラインの利益を補填し、パイロットに対して高い報酬を払い続けてきたわけである。

日本は法人税が高いといわれるが、大企業に限っては実はそうではない。見かけ上の税率は高くても、実際には数々の免税措置が適用されていることを知る人は、それほど多くない。こうした優遇税制は「租税特別措置」と呼ばれ、官に近い重厚長大産業に集中的に適用されている。

本来徴収できる税金を取っていないという意味で、やはりこれも〝目に見えない税金〟であり、大企業に対する利益提供の一環といってよいだろう。

ここでは医療や航空会社を例にあげたが、日本ではあらゆる業界でこうした政府の規制があり、企業の存続と雇用が維持される仕組みとなっている。良くも悪くも、日本はこうした制度で経済を運営してきたのだ。

世の中が変化しないことを前提に、政府の力で強制的に富をコントロールするやり方は、日本が途上国であった時代までは有効に作用した。貧しい途上国にとって医療体制の整備は重要な課題であり、高給を保証することで優秀な人材を集める必要があった。高度な技術を必要とする航空機の運用には、当然それなりのコストがかかる。

また、脆弱な産業基盤のままでは外資系企業との競争に負けてしまい、国内産業を発展させられない可能性もあった。国家が恣意的にリソースを配分することに対しては、少なくとも経済的な合理性はあったと考えてよいだろう。

ネットインフラの普及は「超過利益」を許さない

だが時代は変わり、日本はそれなりに豊かになった。また、産業がグローバルに普及するようになり、各国間でのサービスレベルの違いは年々縮小してきている。

現在では、相応の経済力があれば、一定レベルの医療が世界中どこでも受けられるようになっている。最近では、東南アジアのほうが日本よりクリニックの衛生基準が厳しいというケースも出てきている。

格安航空会社（LCC）の登場によって、飛行機は完全に乗り合いバスに変貌した。アジアやアフリカの貧しい国の人々も、当たり前のように飛行機に乗っている。どんなに経済的に苦しい国でも、スマートフォンのサービスレベルは日本とほとんど変わらない。

つまり、貧しい時代を基準にした日本の産業制度は完全に時代遅れになっている。だが、日本はなかなかこの制度を変えられなかった。従来の制度によって利益を上げている人が、かなりの数に上るからである。

だが、本章で取り上げているような新しいネットビジネスは、これとは正反対の世界である。新しいネットのサービスがあらゆる産業のインフラとなり、政府による参入規制を次々に有名無実化してしまう。

これまでも、政府の規制を打破するような新しいビジネスは登場してきたが、物理的な環境が制約条件となり、なかなか普及しなかった。だが、だれもが物理的空間に関係なく高度なＩＴデバイスを利用できるとなれば、話は変わってくる。

例として取り上げたＡｉｒｂｎｂによる民泊やタクシーのウーバー、アマゾンの配送代行などは、従来の社会システムでは成立しえなかった事業であり、当然、既存の法体系もその存在を想定していない。

今では、弁護士がネット上のサービスに登録し、自らの業務内容を告知するのは当たり前になっている。だが、かつては弁護士の宣伝行為は法律で禁止されており、その法体系は当然のことながら、ネットの普及を想定していなかった。

ネットサービスの普及が本格化するのはこれからである。今後は、よほどのことがない限り、政府の規制による「超過利益」の確保は難しくなると考えたほうがよいだろう。

クラウドが生む「新しい付加価値」とは？

インターネット環境の急激な進展は、クラウド・コンピューティングの技術を抜きに語ることはできない。いくら全人類がＩＴデバイスを持つようになっても、集中してデータを管理する技術がなければ、体系的なサービスは構築できないからである。

クラウドとは、パソコンやスマートフォンのデータをネット上のストレージ（記憶装置）に保管したり、ネットを通じて各種のアプリケーションを利用したりするサービス形態のことを指す。自身でデータやリソースを持たず、すべてをネット上で完結させてしまうわけである。

クラウド環境が整備されると、日常的な活動の多くが質的に変化する可能性があり、そこには大きなビジネスチャンスが生まれることになる。

自身が持っているデータをネット上に預けてしまうことについては、セキュリティという物理的な問題に加えて、心理的な面での抵抗感も大きいかもしれない。だが、クラウドサービスの驚異的な発達によって、こうした不安は取るに足りないものになろうとしている。クラウドの利便性は高く、「不安を補って余りある」というのが現実だからである。

カメラ機能をメモに使うことの本質的意味

先日、ネット上でちょっとした論争が起こっていた。スマートフォンのカメラ機能を使ってメモ代わりに写真を撮る行為について、世代間で対立があるというのだ。この行為に否定的な年配者に対して、若者は「何が問題なの？」と首をかしげているという。

スマホのカメラ機能をメモ代わりに使う人は確実に増えている。会社にもよるが、プレゼン資料などをスマホで撮影する光景は、ごく当たり前というところも多いだろう。筆者も最近はほとんどメモというものを取らなくなった。

写真で記録しておけば、記入ミスもないし、あとの整理も格段に楽になる。ここに、クラウドによるストレージサービスが加わることで、状況は劇的に変化する。クラウド上のストレージサービスの中には、高度なＯＣＲ（光学式文字認識）機能を提供しているところも多い。アプリで設定しておけば、写真撮影と同時にクラウドにデータがアップロードされ、文字認識でテキスト化されるのだ。

メモの写真が何万点になろうとも、とりあえずクラウドに放り込んでおけば、強力な検索機能を使って目的のものを探し出すことができる。

今までメモはあくまでメモであり、時間が経てば捨てることが前提であった。だがクラウド時代においては、メモは一生保存することができるものであり、あとからいくらでも参照ができる。これはもはやメモではなく、頭の中の活動記録といってよい。

スマホのカメラ機能そのものは、従来から存在していたデジカメと同じであり、何も違いはない。だがここに、クラウドによる各種サービスが付随することで、質的な変化を遂げているのである。

メモがただのメモではなく活動履歴になれば、それは、サービスを作り出すための基礎データとなる。メモの集合体そのものに金銭的な価値が生まれ、それを実際にお金に換えることが可能となるのだ。筆者がクラウドの普及で質的な変化が生まれると言ったのは、そういう意味である。

このカメラ論争についていえば、表面的に見れば世代間の争いかもしれない。だが一方では、メモという存在が持っている本質的な価値に関する論争でもある。

撮影について否定的な人は、メモを取るという行為そのものに付加価値があると考えているようだ。たしかに、人が筆を進めるスピードには限界があるため、上手にメモをとるためには、話を要約しながら効率よくまとめる工夫が必要となる。このプロセスが物事の理解を深め、本人のスキルを高める、というわけだ。メモは「取る」という行為を経なければ価値が生まれない、という考え方である。

筆者はジャーナリストとしてキャリアをスタートさせた。駆け出しの記者時代には、必死になってメモを取っていたので、手書きメモの効用は身体感覚としてよく理解できる。

だが、クラウド時代におけるメモが持つ価値は、もっと別な形で顕在化する。メモが記録として残り、あとから再整理できることで、それ自体に「情報」としての価値が生じるのである。これによって得られる付加価値は、メモ書きのスキル向上によって得られる付加価値を凌駕する。

写真メモ否定派の人はおそらくマナーを問題視しているのであって、経済的なことで論争しているつもりはないのかもしれない。写真メモ派の人も大半が同様だろう。単純に便利だから、という理由で使っているはずだ。

しかしながら、マナーの問題は残るものの、経済的な観点では、メモを写真で残すほうに確実に軍配が上がる。

電子メールのやり取りは宝の山

これ以外にも、クラウド環境の発展によって、質的な変化がもたらされている事例はたくさんある。電子メールなどを使った人とのコミュニケーションも同様である。

自身でビジネスをしている人や副業をしている人は、おそらくいくつものメールアカウントを使い分けているだろう。多くのアカウントを使っていると、そのうち頭が混乱してくる。ここ半年の間にネットで何を買ったのか調べようと思っても、それぞれのアカウントを別々に検索する必要があるし、同じアカウント内でも、楽天とアマゾンは個別に検索しなければならない。

しかし、グーグルなどが提供しているクラウド上のメールサービスを活用すると、すべてのメールをひとつのクラウドに集約し、内容を自動的に把握した上で、買い物関係のメールを自動的にまとめたり、交通機関の予約メールが来ると自動的にスケジュール帳に書き込んだり、といったことができるようになる。

これは、サービス事業者に自身の行動をトレースされ、関連する広告を配信されてしまうことと引き換えなのだが、とにかく圧倒的に便利なことは間違いない。しかも、ここに人工知能的なサービスが加われば、特定の人との無駄な連絡が多い、ある取引先はかなり不満が高まっているなど、ビジネス上のヒントが得られるようにもなる。

人とのコミュニケーションをすべて記録に残し、それを集中管理することで、新しい価値が生まれてくるのだ。

本当の「付加価値」はどこにある？

インターネット環境の急激な発展は、私たちにある問いを突きつけることになる。それは、物事の「付加価値」はどの部分から生じているのか、という根本的な問いである。もっと具体的に言うと、1000円の商品の価値の内訳はどうなっているのか、ということである。この問題について、書籍を例に考えてみよう。

私たちは何にお金を払ってきたのか

本書もそうだが、(紙の) 書籍はコンテンツ商品の一部であり、一般的にはその中身に対して価値が生じていると理解されている。したがって筆者のような作家は、できるだけ質の高い作品を書き、付加価値を高めようとしているわけである。

だが、書籍の価値はコンテンツからのみ生じているわけではない。著者に対する印税は、一般的には価格の10％程度なので、コンテンツそのものの価値は数字で表せばその程度ということになる。編集作業に必要となる人件費や印刷・製本のコスト、営業・販売にかかる経費や書店への流通コストも、書籍の付加価値に含まれている。

電子書籍が登場したとき、出版関係者が悩んだのは、まさにこの部分である。電子的にコンテンツを出すとしたら、その値段をいくらにするのかという問題を通じて、コンテンツそのものの価値は実際のところいくらなのか、と問われてしまったのである。

筆者は職業柄、数多くの書籍に囲まれているが、かつては本の置き場所をどう確保するのかが最大の悩みの種であった。本は見たいときに参照できないと意味がないので、トランクルームを借りて保管してしまうと、その価値は半減してしまう。しかし、大量の本を瞬時に閲覧できる環境を構築するコストはあまりにも高い。

現在、筆者は蔵書の多くをＰＤＦ化（ネットの世界では「自炊」と呼ばれる）しており、クラウドに放り込んでいる。クラウドサービスの検索機能はすばらしく、一瞬で自分がほしい情報にアクセスする環境を手にすることができた。一度この便利さを味わってしまうと、もう元には戻れないだろう。

筆者の場合、個人にしては蔵書が多いほうなので特殊な例かもしれないが、これを会社のドキュメントなど、社会全体に拡大して考えると、その本質的な意味が見えてくる。

電子的に置き換えが可能なものをすべて電子化した場合、既存の付加価値の概念が根本的に変化する可能性があるのだ。

利便性の高い場所にあるオフィスは、便利な場所にあるから家賃が高いというイメージしかないが、実はその多くは書類の保管スペースだったりする。家庭でも、請求書や郵便物など、おびただしい数の紙に囲まれているが、高い家賃の多くは、こうした余分なものを保管するための場所代である可能性も高いのだ。

情報の保管スペースがこれほど必要とされなければ、モノの値段も大きく変わるはずである。これまでも同じようなことを考えた人はたくさんいたはずだが、現実にそれを変える手段を持っていなかった。だが、スマホ時代、クラウド時代が到来した今、その気になれば、私たちは物理的な紙の利用をゼロにすることが可能となったのである。

この片鱗はすでに見え始めている。

すでにネット上には、クラウドを使って請求書の発送代行をするビジネスが多数、登場している。大企業はこうした事務作業を専門に行う社員を雇っているが、スモールビジネスはそうはいかない。クラウド上の請求書代行サービスは、1通が百数十円というコストで、請求書の印刷や封入、発送を代行してくれる。ウェブから、必要事項を入力すれば、あとは事業者側が一切の作業を代行してくれるのだ。

こうしたサービスをフル活用すれば、オフィスとスタッフという、大きな負担を抱えることなく、従来と同様の企業活動を展開することが可能となる。この段階でオフィスが持つ付加価値の一部はすでに消滅しかかっている。

だが、こうした事業者が普及してくると、その先には、請求書そのものを紙ではなく、電子的に作成し、それが法的にも効力を発揮するという流れになってくるはずだ。

さらに話を飛躍させれば、物理的なスペースや移動が必要であり、電子化が不可能と思われている「モノ」ですら、同じ状況となる可能性がある。3Dプリンタが今よりもっと高性能になれば、ネットで物を買うと家にデータが送られてきて、3Dプリンタがそこで製品を作ってしまうといったことも実現できてしまうだろう。そうなれば、モノを保管するスペースは限りなくゼロに近くなってくる。

モノやサービスの値段が変わる可能性も

書籍のような世界はもっともわかりやすい分野であり、時代の変化が真っ先に顕在化してきている。だが、こうした変化は、あらゆる業界で起こり始めていると考えたほうがよい。

宅配業者しか荷物を運ぶことができないということを前提にすると、ものごとはすべてそこからスタートしてしまう。旅館業は旅館として登録された施設だけが行うという前提で物事を考えたり、製品は工場で生産するものと決めつけたりすれば、その枠組みの中だけで思考が完結してしまう。

新しいネットサービスの登場によって、既存の製品やサービスの付加価値は本来どこにあったのかという点が浮き彫りになっている。

荷物を運ぶ労力そのものは全体のごくわずかであり、実は、いつでも荷物を集荷してもらえるという利便性の確保に高い価値が生じていたのかもしれない。旅館において、純粋な部屋の部分が占める価値は思いのほか少なかった可能性もある。

つまり、物理的な制約から無駄を排除できず、それによって大きな付加価値が生じていた可能性がネットによって明らかになってきたのである。

こうした現実は、じわじわと、あらゆるモノやサービスの価格形成に影響を与え始めるだろう。10年後のモノやサービスの値段は、今からは想像もつかない状況になっているかもしれないのだ。

値段が大きく動く時は例外なくビジネスチャンスである。これからの時代に大きく儲けるためには、値段が上がるものと下がるものをいかに見極めるのかがポイントとなりそうだ。

企業より個人、大より小が強い時代

これまで見てきたように、新しい資本の時代は、静かに、しかし着実に動き始めている。この時代において大きな資産を形成するには、時代に合った働き方や稼ぎ方を積極的に選んでいく必要がある。

筆者はひょっとすると、今回の変化は、戦後、最大級のものになるかもしれないと思っている。終戦後の混乱によって多くの人が富を失ったが、一方で、短期間で巨万の富を築く人も続出した。同じようなことが、再び起こるのだとすると、できるだけ早くその準備をしておいたほうがよい。

事業を始めることがますます魅力的に

新しい資本の時代の主役は企業ではなく個人である。

日本は基本的に企業社会であり、企業に属していないと、いろいろな面で不利であった。

それほど大きくは稼げないが、より大きな企業の社員でいたほうが、経済的に豊かになれた時代だったのである。

だが、本章で説明してきたような一連のビジネス環境の変化は、こうした状況を変えつつある。ちょっとした才覚があれば、大きなリスクを取ることなく、だれでもビジネスを展開できる時代がやってきたのである。

これまでの時代との最大の違いは以下の４つである。

①お金がほとんどかからない
②体ひとつで参加できる
③利用者はサービス提供者の運営形態をあまり気にしない
④すぐに利益を上げなくてもよい

現在ではネットでサービスを提供するインフラのほとんどを、無料、あるいはごく少額の資金で構築することができる。何千万円も用意しないと事業を始められないという時代はすでに過去の話である。またネット上で仕事を仲介するサービス（クラウド・ソーシング）と呼ぶ）を活用すれば、専門的なスキルを持った人に、単発で仕事を依頼することもできる。とにかく事業をスタートする時のリスクを劇的に減らせるようになった。とりあえずお試しでサービスを作ってみた、ということが実現可能な時代となったのである。

これほどまでに個人に有利な状況は、戦後の日本社会では初めてのことかもしれない。

事業を起こすことに抵抗感があるならば、こうしたサービス事業者が依頼する業務を請け負うというやり方もある。仕事の単価は安く、一般的に大きな利益を得られるものではないかもしれないが、すべてはアイデアや工夫次第である。

数人でチームを作り、こうした依頼を一手に引き受け、効率良く稼ぐグループが出てきてもおかしくない。このような業務をとりまとめるためのアプリも登場してくることになるだろう。スマホだけを持って、身ひとつでビジネスを始めることも不可能ではないのだ。

ネットは人々の意識を変える

こうした小規模なビジネスが実現可能となったのは、利用者の心理が大きく変わったことも影響している。

以前とは異なり、最近のネット利用者、特に若年層の利用者は、サービス提供者が、どのような運営形態なのかについてあまりこだわらなくなった。サービスさえしっかりと提供されているのであれば、それが大企業のものであろうが、中小企業のものであろうが、個人零細事業者のものであろうが、あまり気にしないのである。

そもそもネットで提供されるサービスは、単価が安いものが多く、絶対金額の上でもリスクは少ない。大手企業でないと安心できないといった風潮は今後ますます薄れるだろう。

利用者だけではなく、ビジネス関係者や投資家の意識も変わってきている。

これまでの社会ではすぐに利益を上げることが求められた。このため、短期間である程度の成果が見込めるビジネスモデルしか、社会的には許容されなかった。

そうなってくると、提供できるサービスや作る製品はどうしても似たようなものとなってしまう。皆が同じ方向を向くので、差別化要因がなくなり、結局、資金量がモノを言う世界に終始することになる。

これでは新しいビジネスはなかなか生まれない。大きな資本を持った企業が有利になり、登場するサービスは無難なもののオンパレードとなる。ある程度の規模を持ち、十分な体制を組まなければビジネスとみなされなかった理由もこのあたりにあるといってよいだろう。

だが、こうした概念は、徐々に変わりつつある。

一定数以上の利用者さえ集めていれば、お金にすること（ネットの世界ではマネタイズと呼ぶ）はあとから考えれば済む時代となった。このため、多種多様なアイデアが事業として成立する可能性が出てきている。

最近では、初期費用も月額料金もすべて無料というEC（電子商取引）サービスを提供するベンチャー企業まで現れた。こうしたサービスは1～2名の人材がいれば開発可能であり、スタート時には明確に会社組織になっていなくてもよい。やる気さえあれば、だれでも参入できる世界なのである。

今のところ、このビジネスで利益を上げる方法は見つかっていないが、出店者にとって無料というメリットは極めて大きい。特に、個人の零細出店者にとっては、大変な魅力となっており、たちまち多くの出店者を集める結果となった。投資家からも注目され、結果的に多額の資金調達に成功している。

ネットビジネスの黎明期には、収益化のメドが立たないまま事業を進めることについて疑問視する声もあった。だが、多数の利用者を集めた事業のほとんどは、長期的に見れば収益化に成功している。こうした事例が重なることで、現在では、すぐに利益が出ないことをリスクと捉える人はほとんどいなくなった。これからは、企業より個人、資金よりアイデア、大よりも小が、優位に立てる時代なのである。

2025年までにお金持ちになるためのヒント①

儲かるかどうかは、あえて考えない

これまでの時代、儲かるか儲からないかを考えることはとても大事なことだった。お金を稼ぐには元手が必要であり、それを回収することが大前提だったからである。

しかし新しい資本の時代には、どんなことでもビジネスになる可能性がある。それほど大きな利益にはならなくても、初期投資が少なくて済む分、採算が合うという「プチ・ビジネス」はますます増えてくるだろう。

一定のニーズを見込むことができ、失敗しても大きな損失にならないのであれば、あれこれ悩むより、とりあえずやってみたほうがよい。実際にやってみて、儲からないならやめてしまえばよいし、予想外に儲かるなら続ければよいだけである。このような、肩の力を抜いたビジネスの進め方は、副業との親和性も高い。

特に、インターネットを主戦場にすれば、1万人に1人しか利用者がいなくても、10人や20人の顧客を確保することはそれほど難しいことではない。「そんなもの、だれがほしがるのか」という商品でも売れる可能性があるのだ。

まずやってみる。これが新時代のキーワードである。

Ⅱ

スマートフォンが本当に変えたもの

もはや同じインターネットではない

第1章では、スマートフォンの普及とクラウドサービスの拡大で、インターネットの環境が質的に変化しており、これがビジネスの仕組みを根本的に変えつつある現状について解説した。

第2章では、この新しい時代は、従来と何が違うのかについて、もう少し掘り下げて考えてみたい。基本的な特徴は、以下の4つに集約される。

①すべての人がデバイスを持つようになった
②場所と時間の制約を受けなくなった
③あらゆるモノがネットにつながるようになった
④コンピュータが自分で考える能力を持つようになった

これらが同時進行的に進んでいることで、以前の社会では想像もできなかった変化が生じている。その結果として、最終的には大きな資本を必要としない社会が形成されつつある。このあたりは後ほど解説するとして、まずはＩＴを軸に、今、何が起こっているのかについて順を追って説明していきたい。

昔のネットと今のネットは違う

すべての人がデバイスを持つようになったというのは、言うまでもなくスマホの普及のことを指している。

パソコンの普及が進んだ１９９０年代、インターネットの登場は、一部の人にとって革命的な出来事であった。しかし、多くの人にとってインターネットは、それほどインパクトをもたらす存在とは認識されていなかった。

筆者は当時、ジャーナリストをしていたが、編集会議でインターネットに関する記事が議論になった際、一部の記者からは「これまでのパソコン通信と大差はないだろう」という意見が出ていたくらいであった。

その記者の先見性のなさを今になって笑うのはたやすいが、実際、多くの人がそのような印象を持っていた。地球上の多くの人が同時にひとつのネットワークにつながることの意味をよく理解できていなかったのである。

当時、パソコンは徐々に普及し始めており、パソコンを電話回線で接続して、メールや情報をやり取りするパソコン通信のサービスが数多く登場していた。インターネットのプロバイダであるニフティも、もともとはパソコン通信のサービスとしてスタートした会社である。

パソコン通信がインターネットに置き換わったからといって、できることが大きく変わるわけではない。多くの人は、その「大して変わらない」という部分を見て、革命的な事態だとは考えなかったのである。

だが、すべての人がまったく同一のネットワークにつながることは、それ自体に途方もない価値が生じる可能性がある。経済学の世界では「ネットワークの外部性」と呼んでいるが、これがもたらす価値は、従来のパソコン通信とは比較にならないものだったのである。

ネットワークの外部性は、電話を例にとってみればわかりやすい。電話に加入している人が2人しかいなければ、そのメリットは2人しか享受できない。だが、だれもが電話を持つようになると、電話網が持つ意味はまったく異なってくる。

インターネットの登場によって、各事業者が別々の規格で行っていた通信サービスが、同一規格で、全世界に広がることになった。しかも従来の電話とは異なり、ネット上では、テキストも音声も画像も同時に送ることができる。つまりビジネスに必要な材料がすべてひとつのネットワークに乗ってしまうのだ。人と「つながる」サービスは数多く存在していたにもかかわらず、ネットが革命的な事態を引き起こした理由はここにある。

インターネットの登場によって、社会のシステムは劇的に変化した。数多くのサービスが登場し、生活は一気に便利になった。だが従来のネットには最大の欠点があった。だれもがアクセスできるデバイスというものがなく、場所の制限も受けてしまうことである。

スマホの登場で、インターネットは初めてインターネットになった

インターネットに接続するためのデバイスは、以前はパソコンが中心であった。パソコンは大きくて重く、どこへでも持ち運べるものではない。ノートパソコンでも状況は同じである。つまり、パソコンは基本的にデスクワーク向けのものであり、その結果として、ネット上のサービスも、腰を据えてゆっくりと取り組む種類のものに偏ることになった。

ネット第一世代を代表するサービスといえば、ネット証券やネットオークション、ネット通販などであり、これは従来の対面サービスをそのままネット上に置き換えたものである。ポータルサイトも、従来の紙メディアの延長線上で作られており、情報の整理・分類を主眼としていた。日本を代表するポータルサイトであるヤフーのパソコン向けトップ画面は今でも同じような作りをしている。

だがスマホの普及によって、この状況が大きく変化した。

スマホが従来のデバイスと完全に異なっているのは、ほぼすべての人が保有する状況まで普及が進んだことと、場所の制約を受けなくなったことの2点である。実はこの2つが

もたらすインパクトは極めて大きく、これが、本書で何度も言及している新しい資本の時代を切り拓く原動力となっている。

先ほどネットワークの外部性のところでも言及したが、ネットワークが持つ価値は、多くの人がそのネットワークにつながることで増大してくる。パソコンからスマホへのシフトが発生したことで、ほぼ全人口がネットに接続する手段が確立し、ネットワークが持つ価値はいよいよ最大化することになった。

ちなみに、先ほどのヤフーは、スマホが普及してきてからは、スマホ向けの画面とPC向けの画面を分け、配信するコンテンツも内容を変化させている。スマホ経由でヤフーのコンテンツを見る利用者と、ＰＣ経由でコンテンツを見る利用者は、属性が異なっているからである。このことは、従来の経路ではカバーできなかった利用者層を獲得できている、つまりあらゆる利用者層を取り込み始めているということを如実に表している。

パソコン時間とスマホ時間の決定的な違い

全人類がＩＴ機器を持つという点で、ネットワークが持つ価値は最大化したかもしれない。しかし、インターネットにはまだ伸びしろがあった。ネットに接続する時間である。スマートフォンが普及したことによるもっとも大きな影響は、時間の概念を大きく変えたことかもしれない。

時間はまとまっているほうが価値が高かった

パソコンでは、勤務中か自宅にいる時しかネットに接続できない。しかも、しっかりとした姿勢でパソコンに向かう必要があり、利用シーンが限定されてしまう。しかしスマホは、こうした制約をすべて取り払ってしまった。電車に乗っている時間も、待ち合わせまでの数分間も、ベッドに入ってから眠りにつくまでのわずかな時間もネットに接続できるようになった。

個人の生活という視点で考えれば、多少便利になったという程度かもしれないが、マクロ的に考えるとこれは大きな変化である。世界全体で考えれば、ネットに接続する回数や時間が飛躍的に伸びたのである。

先ほど、ネットワークが持つ価値は、そこに接続する人の数で決まるという話をした。もしネットの利用時間が2倍になれば、人口が2倍に増えたことに近い効果をもたらすことになる。ビジネスや経済という視点では、これは極めて大きなインパクトなのである。

時間と場所に関わりなくネットに接続できるということになると、最初に有効活用されるのが隙間時間である。

多くの人が、1日の中で、細切れの無駄な時間を抱えている。電車の待ち時間やアポイントまでの待ち時間、ミーティングとミーティングの間の空き時間など、場合によっては、1日の時間のうち3分の1程度を無駄にしている可能性もある。

従来型社会ではコマ切れの時間にはほとんど価値がなかった。10分間が不連続で6回あることと、1時間がまとまって存在することの違いは極めて大きかったのである。

なぜなら、人が行う作業というものは、思ったほど単純ではないからである。

顧客に商品に関する確認の連絡を入れ、請求書を作成して、それを送付するという一連の作業は、世の中では比較的単純な仕事と思われている。

だがそこには、メールや電話などを使って顧客とコミュニケーションを取る、請求書に記載する商品の内容を確認する、請求書本体を作成する、社内で決済を得る、封入して送付する、など、数多くのタスクが存在しており、そのたびに、多くの情報にアクセスしなければならない。

ひとつの場所に電話やパソコン、事務用品がセットされていることは、仕事の効率を高める上で極めて重要なことであった。多くの会社がオフィスというものを構え、全社員が同じ時間、同じ場所で仕事をすることには意味があったのである。

逆に、こうしたリソースに自由にアクセスできない環境にある人、たとえば、外出中で電車に乗っている人や、会議室から会議室への移動で自分のデスクにいない人などは、単純作業をこなすことができない。

このため、コマ切れの時間をできるだけ作らないよう、人の行動パターンが出来上がり、社会のルールもそれに合わせて形成されていったと考えられる。社会的な慣習というものは、多分に物理的な環境から影響を受けているものである。

これは私生活でも同じである。公共料金を確認したり、お店を予約したり、何かを注文するという作業ひとつとっても、まとまった時間や場所があったほうがよい。従来の社会では、まとまった時間を作ることにだれもが必死になっていたのである。

時間の使い方は思考回路に影響する

逆に言えば、従来社会では、適切に時間の管理ができるかどうかが、その人の経済力を決定付けていた。1日は24時間しかなく、これはだれにとっても平等である。だが平等であるが故に、この有限の時間をどう活用するのかによって、稼ぐ力に差が付くのである。

会社のトップなど一定以上の立場にいる人は、この現実を痛いほど理解している。できるだけ自身の都合を優先してアポイントを設定し、さらには秘書が時間の最適化を行って、無駄な時間が生じないよう徹底的に管理している。

筆者は、これまで多くの成功者を見てきたが、彼らは総じて貪欲であり、無駄な時間を心底嫌う。このため自身の時間を有効活用することに全力を傾けることになる。

ある起業家は、アポイントの時間に無駄がなくなるよう、何度も相手にリスケジュールを要請していた。これが彼らの成功の秘訣でもあるわけだが、こうした姿勢は時に周囲との軋轢を生む。なかなか普通の人には実践できないことだろう。

ところがスマホの普及で状況は変わりつつある。

これまでは価値のなかった無駄な隙間時間もネットに接続できるということになると、多くの人は、その間にいろいろな作業をこなせるようになる。現実には、ほとんどがメールやSNSをチェックすることに費やされることになるのだが、それでも、その合間を縫って、ちょっとした仕事や、私生活での買い物、各種の予約を済ませてしまうという人も多いはずだ。

ニュースアプリを使って自分に必要なニュースをまとめてチェックすることもできるし、最近のスマホは、自然言語処理がかなりの水準になっているので、ひたすらスマホに話しかけてアイデアを口述筆記することもできる。公共の場でそれをやるとかなり怪しいが、フリーハンドで次々にテキストを起こせるというのはちょっとした革命である。本気で取り組めば、知的生産活動の水準は飛躍的に向上するだろう。

これまで無駄な時間として死んでいた隙間時間が、ＩＴツールによって、一気に生産的な時間に早変わりした。こうした環境の変化は、徐々にではあるが、しかし確実に人の思考回路も変化させる。人の思考回路の変化は、やがて製品やサービスまで変えていくことになる。

あらゆる変化の原動力となっているのが、こうしたネット環境の整備と、時間の使い方の変化なのである。

グーグルの決算を見れば世界がわかる

これまで説明してきたことは、定性的な話なので、あまりピンとこないかもしれない。これを数字で考えてみると、そのインパクトの大きさがもう少し具体的にイメージできるだろう。

制約条件がなくなると、人はさらにネットを利用する

インターネットビジネスの覇者である米グーグルは、ネット検索市場で高いシェアを維持しており、同社の業績推移はネット市場全体の代理変数と捉えることができる。

グーグルは、非常に高度な技術を持ったテクノロジー企業というイメージがあるが、収益源のほとんどは広告であり、ビジネスモデル自体は単純である。同社が提供する検索連動広告を利用者がクリックするたびに、広告料金の一部が同社に入ってくる。売上を決定する要因は、クリック数（利用者が広告を閲覧した回数）とクリック単価（広告料金）で

あり、単純化すれば、この2つを掛け合わせることで同社の売上げが計算できる。グーグルの2014年における売上高は、約8兆円だが、その9割は、検索連動型の広告で占められている。したがって、グーグルが取り扱う広告は年間で7・2兆円ほどの金額になる。

同社は広告単価の絶対値を明らかにしていないが、仮に50円と仮定すると、年間の広告クリック数は、1440億回ということになる。広告が表示されてクリックされる割合を0・5%とすると、世界全体の閲覧数は、年間約29兆回となる。全世界では30億人の人がネットを閲覧しているので、計算すると、1日あたり26ページを閲覧していることになる。

ツイッターやスマホのニュースサービスなど、従来の閲覧数にカウントできないものもあるので、実際のネット閲覧数はもっと多いはずである。

グーグルの広告クリック数の伸びは、全世界的なネットのトラフィック量の増加とほぼ一致している。グーグルの広告クリック数はここ数年で4倍以上に伸びているので、全世界のネット閲覧数も4倍になっていると考えてよい。

そして、この閲覧数の伸びのほとんどは、利用者の増加ではなく、スマホが普及したことによる効果である。同じ期間で、ネットの利用者数そのものは1・3倍にしか増えていないからである。

おわかりいただけるだろうか？　このことは、場所と時間の制約を受けないネット環境を手にすると、人間は際限なくネットを利用するということを示している。利用時間が増えた分だけ、ネット広告がクリックされる数が増え、ネットビジネスの価値が高まってくるという仕組みだ。

自動運転車が普及すると、ネットワークの価値はさらに高まる

グーグルは最近、車の自動運転のビジネスに巨額の開発費を投じている。検索サービスを提供するグーグルがなぜ自動運転にこだわるのか、少々不思議に思っている人も多いかもしれない。だが、ネットの利用時間という部分に着目すれば、納得できる部分が大きい。諸外国は、日本と比べて車での移動時間が長いが、運転している本人はネットを使うことができない。もし車の自動運転が普及すれば、多くの人は、移動時間のほとんどすべてをネットの閲覧に費やすだろう。これは、ネットの利用者が何倍にも増えたことと同じ効果をもたらすのである。

グーグルは、すでに全世界を網羅した地図サービスや、主要な道路の風景を画像に収めたストリートビューというサービスを提供しており、地図に付随する店舗情報なども取り扱うことができるようになっている。

こうした情報インフラは、車の自動運転が普及してくると、さらに利用価値が高まってくる。最終的には何兆円という利益になってグーグルに返ってくるはずだ。

自動運転の普及で大いに得をするのが、グーグルということであれば、当然、損をする

人たちも出てくる。もしかすると、その代表選手となるのは、トヨタをはじめとする既存の自動車メーカーかもしれない。

自動車には移動手段という実用的な面だけでなく、運転を楽しむという嗜好品としての側面がある。この両者があってはじめて自動車の巨大なマーケットが成立している。自動車はあまりにも身近な存在なので意識していない人が多いが、想像を絶するハイテク技術の塊である。ある意味では、宇宙ロケットなどよりはるかに難易度の高い技術がふんだんに盛り込まれており、その開発には何兆円もの資金が投じられている。

もし自動車にここまでのニーズがなく、市場規模がもっと小さければ、現在、２００万円程度の自動車の値段は軽く２０００万円を超えるだろう。本来、超高額商品であるはずの自動車がこれほど安く手に入るのは、すべてマーケットの巨大さのおかげである。

だが、自動運転が普及し、運転をしなくてもよいとなるとどうだろうか？

確かに一部の人は、運転の楽しみそのものは不変だと考えるかもしれない。しかし、運転の楽しみというのは、運転は避けて通れないものであるが故に、やむを得ず発展してきたという側面もある。もし安全で確実な自動運転システムが出来上がってしまえば、多くの人が、自動運転に任せてしまうだろう。

そうなってくると、自動車に高い運動性能は必要なくなってしまう。

だれでも安価に自動車を製造できる電気自動車のほうがむしろ好都合という状況になる可能性は十分にある。１００年の歳月をかけて、高い性能を追求してきた高性能なガソリンエンジンの技術が、一気に必要のないものに変わってしまうかもしれないのだ。

日本国内には自動車に関連する産業が25兆円以上あるといわれており、これが大きな雇用を生み出している。自動車が「走り」を追求しなくなった場合、この巨大な産業基盤は縮小を余儀なくされる可能性も出てくる。

新しい資本の時代は、多くの人が、多種多様なチャンスを得ることができる一方、従来には想像もできなかった形で、多くの業界が変化する時代でもある。

自動運転車が都市の光景を一変させる

こうした見解に対しては、「そんなことはない」「ガソリンエンジンの優位性は変わらない」といった意見が出てくるだろう。これはこれで正論であり、従来のビジネス環境においては、その論理は一定の説得力を持っていた。だが、「皆がデバイスを持ち」、「どこでもネットを利用することができ」、「すべてのモノがネットにつながる」社会では、こうした常識は通用しなくなってしまう。

同じ自動車でも見える風景はまったく違う

電気自動車は構造が簡単で、だれでも容易に製造することができる。大量生産されれば、驚くほどコストは下がるはずだ。だが、バッテリーという物理的な限界があり、ガソリンエンジンのように長距離を走ることはできない。充電にも時間がかかるので、ガソリンスタンドでちょっと給油すればＯＫというわけにはいかないのが現実だ。

技術のブレークスルーによって、こうした問題が解決する可能性もあるが、今のところ、バッテリーの技術が革命的に進歩する可能性は低い。高い機動力を持つガソリンエンジンの優位性は圧倒的なように見える。

だが、新しい資本の時代という切り口でこのテーマを眺めてみると、まったく別の風景が見えてくる。ネット社会が進化すれば、そもそも自動車が長距離を走る必要がなくなり、電気自動車でも問題なく使えるようになる可能性が高いのである。

繰り返すが、新しい資本の時代には、すべての人がネットに接続できるデバイスを持ち、すべての機器がネットにつながっている。すると、どのようなことが起きるだろうか。

たとえば、自宅から車に乗って会社に通勤するケースや、営業マンが車で外回りをするケースを想像してみよう（ネット時代は営業の外回りも必要なくなるという話は、とりあえず脇に置いておくとする）。

ガソリンエンジンなら、一度ガソリンを入れれば、しばらくの間、給油なしで走ることができる。朝起きたとき、車にガソリンが入っているのかを気にする必要はないだろう。だが電気自動車の場合、常にチャージをしておかなければ、走りたい時に走れなくなってしまう。

朝自宅から出るときは、夜のうちに、家の家庭用電源から自動的に充電が行われているはずだから大丈夫だろう。だが会社にいるときはどうだろうか。会社を抜け出さなければ充電することができないが、新しい時代にはそんなことを気にする必要はない。

自動運転なので、自分の車は勝手に駐車場から出発し、近くの充電ステーションに移動して充電を済ませてしまうだろう。その状況は逐一、スマホに報告されているので、利用者は安心していられる。しかも、スマホをはじめとするＩＴデバイスは、後述するように人工知能化が進んでいる。その人の生活パターンや自動車の走行パターンを熟知しており、もっとも影響がない時間帯を選んで、充電に出かけるはずだ。

車で外回りをするときも同じである。今日の訪問先をスマホに話しかければ、もっとも効率のよいルートで回ってくれるし、空き時間を予想して、やはりちょうどよいタイミングで充電を済ませてくれるだろう。勘のよい読者なら、もうピンときているかもしれない。ここまでＩＴのインフラを活用できるのであれば、車を持つ必要もないし、専用の駐車場もいらないのではないか？　という考えが成立してしまうのだ。

ＩＴを使えば社会全体を最適化できる

世の中にはあちこちに余っている小さなスペースがある。

これまでもコインパーキングなどで有効活用するというアイデアがあったが、それでも、ある程度まとまったスペースがあり、目立つ場所でなければ、ビジネスとして成立しなかった。

しかしネット社会なら、１台分しかスペースがない所も、すべてネットで情報が共有されることになる。月極の駐車場であっても、その車が出ている間は、また別な人に時間貸しをすることも可能だ。万が一、予定より早く契約者が帰ってきても安心だ。駐車している車は自動運転で出て行き、次のスペースを探せばよい。

そうなってくると、施設ごとにまとまった大型駐車場を完備する必要はなくなり、世の中全体で駐車台数が足りていれば、問題ないという結論に達する。

新しい資本の時代には、駐車場に停めるという概念は必要なくなってしまうだろう。目的地の玄関まで車で行き、車を降りたら、あとは自動車が勝手に場所を探してくれるのだ。帰りの時間を指定すれば、会社の玄関で車が待っていてくれるだろうし、いつ乗るかわからないと告げておけば、近くで待機しているだろう。

さらにもう一歩、考えを進めると、自動車を所有することそのものが無意味になる。多くの人が車を持っているのは、車を占有しないと好きなときに車に乗れないからだ。だが現実には、ほとんどの時間は車に乗らず、駐車場に停めたままになっている。

だがITデバイスが、すべての人の行動パターンを理解しているとしたらどうだろうか。

Aさんは毎朝7時に郊外から中心部に車で通勤し、Bさんは、8時に中心部にある自宅から、やはり中心部にある会社に車を使って移動している。このふたりは、以前の社会ではまったく接点を持つことがなかった。

だがネットインフラが完備されていれば、このふたりはネットのサービスを使って容易に結び付く。月に一定金額を払えば、自分が指定した時間に車に乗ることができるというサービスが実現可能であり、こうしたマッチング技術を使うと、何人もの人が1台の車をシェアできる。

先ほどの例でいけば、7時に郊外から中心部に移動しAさんを降ろした後、Bさんの自宅に行き、Bさんを別の場所に運ぶ。今度は、昼間に車を使いたい別の人のところに自動的に移動していく。車をシェアしていながら、自分が使う時間帯は、実質的に占有が可能だ。1台を保有することに比べて、そのコストは大幅に安く、だれもがリムジン感覚で自動車を利用できることになるだろう。バッテリーが余っていれば、駐車場に停めている間に電気を売ることもできるはずだ。そうなると、社会全体のエネルギー量も最適化できるかもしれない。

自動車を所有しなくてもよいということになると、産業構造は大きく変化することになるし、場合によっては街作りや都市計画すら、根本的に見直す必要が出てくるだろう。

筆者は、自動運転車や電気自動車の優位性を強調したいのではない。新しい資本の時代には、根本的な思考回路の変革が必要だという点を強調したいのだ。

アップルウォッチは使いづらい？

　ここまで説明してきたことは、ネット利用者の裾野が広がって利用時間が増えるという「量」の拡大に関することであった。量の拡大はこれまでの社会でも経験してきたことであり、特に目新しいことではない。

　だが新しい資本の時代がもたらすインパクトはこれだけにとどまらない。量の拡大に加え、質的変化が加わることで、経済や社会の仕組みが大きく変化することになる。具体的に言うと、人工知能の発達によって、ＩＴ機器が自分の力で考えることができるようになり、サービスのあり方が根本的に変わると予想されているのだ。

いずれ機械は操作の必要がなくなる

　米アップルは２０１５年４月、腕時計型のウェアラブル端末「アップルウォッチ」の販売を開始した。一般的なモデルでも４万円から、18金を使った上位モデルの価格は日本円で128万円からと、かなりの高額商品だが、アップルは強気の販売計画を立てている。

実際にアップルウォッチを使った人からは、画面が小さくて使いにくい、いちいち通知を確認するのが面倒といった声が出ている。アップルウォッチの文字盤のサイズは小さいほうのモデルで38ミリなので、これを指で細かく操作するのが面倒であることは間違いない。

だが、こうした考えは実はナンセンスかもしれない。

確かに、今のアップルウォッチは使いづらい商品だが、こうした状況は近い将来、解消される可能性が高い。その理由は、人工知能のサービスが当たり前の存在になることで、利用者が行う操作は機械が先回りして実施するようになるからである。つまり、よほどのことがない限り、いちいち指先で細かい指示をする必要はなくなるのだ。

具体的には「仲のよい友達関係の通知と大事な仕事の通知だけは、画面で知らせて！」とＩＴ機器に話しかけておけば、機器はその通りに動作するようになる。ＩＴ機器と何らかの形で意思の疎通ができればよいわけで、すべてを画面と指先だけで行う必要はなくなるのである。こうしたサービスはすでにその片鱗を見せつつある。

アップルウォッチの発売から約1か月後、グーグルはスマホ向け基本ソフトの新製品である「アンドロイドM」を公開した。アンドロイドMは、人工知能の機能が大幅に強化されており、さきほど説明した新しいサービスにさらに一歩近づいている。

アンドロイドMの最大の特徴のひとつは、人工知能を活用した検索機能「ナウ・オン・

タップ」である。利用者がホームボタン（スマホの下部中央にあるボタン）を長押しすると、その時に開いている電子メールの内容やウェブサイトの画面、聴いている音楽などを即座に分析し、関連性の高い情報を表示してくれるというものである。

サンフランシスコで行われたデモでは、音楽を聴きながらスマホに「今聴いている曲を歌っているのはだれ？」と問いかけると、一瞬でアーティスト関連情報が表示された。

このナウ・オン・タップの背後では人工知能が稼働している。このサービスは、利用者が何をしゃべっているのか、どんなメールをやり取りしているのか、システムが瞬時に理解することで成立している。ここまで実現できていれば、利用者に先んじて重要な通知を知らせたり、状況を察知して通知を後回しにする工夫ができるようになるのは時間の問題である。

解放された時間をどこに振り向けるか

似たようなサービスに、グーグルなど各社が提供しているクラウドの写真保存サービスがある。同じタイミングでグーグルは、１６００万画素以内の画像であれば、無料・無制限でクラウドに保存することができる「グーグルフォト」を発表している。

ここでも人工知能がふんだんに使われており、写真の中の人物や場所などを人工知能が分析し、自動的に写真を分類・整理する機能が提供されている。利用者は、後の整理を考えずに、次々と写真を放り込むだけでよい。あとは機械が勝手に写真を分類し、写っている人物や日付を認識し、アルバムなどを半ば自動的に作成してくれる。

写真が持つ情報は、ＩＴ事業者にとって宝の山といわれる。だれと一緒にいるのか、どこにいるのかといった情報は、現在の画像認識技術を使えば比較的簡単に割り出すことができる。乗っている自動車やバイクなどもたちどころに分析できるだろう。

今後は、本人がどのような気分なのか、といったより詳細な分析を行い、きめ細やかな広告配信に結びつけていくことになる可能性が高い。

人工知能は投資の世界にも急速に浸透している。

すでにアメリカのヘッジファンドの中には、人工知能を使って、投資の判断を実施するところが出てきている。この動きは、一般的な消費者向けサービスにも浸透するだろう。

国内のネット証券の中には、ロボット機能を使って自動売買するサービスを提供しているところもある。今のところ人工知能と呼べるほどのものではないが、こうしたサービスに本格的に人工知能が適用されるのは時間の問題である。

投資といえば、かつては証券会社の株価ボードとにらめっこしながら、売買注文を出すのが常識であった。インターネットが登場した後も基本的にその図式は変わらず、証券会社の株価ボードがパソコンの画面に変わっただけであった。証券会社に出向く必要がなくなったことや営業マンと直接話す必要がなくなったというインパクトは大きいが、質的に大した違いは生じていなかったのである。

だが、新しい資本の時代は違う。

自分はどんな投資をしたいのか、ＩＴ機器に話しかけるだけで、あとは勝手に機械が投資を実施し、報告書や税金の書類まで自動的に作成してくれるとしたらどうだろうか？これは、もはや従来の株式投資とは異なる概念のサービスと考えたほうがよいだろう。

すべての人がＩＴ機器を持ち、場所の制約を受けずにこれを操作することができ、しかも、機械が自ら考える社会というのは、あらゆるサービスの姿を根本的に変えてしまう可能性を秘めている。筆者が質的変化と呼んでいるのはこうした理由からである。

人工知能の発達で、人は多くの煩わしい作業から解放されることになる。重要なのは、人々が空いた時間をどこに振り向けるのかであり、このあたりにビジネスのチャンスは転がっているはずである。

スマホは人間の欲求をも変える

ネットの質的な変化は、人々の欲求も大きく変えることになる。かつては世の中に存在していても、それを簡単に利用者に届けることができないものがたくさんあった。こうした物理的な制約条件の存在が、人々の欲求を駆り立てていた面は否定できない。ネット社会のインフラは人間の欲求に対しても変化を促そうとしている。

実は音楽を1曲ずつ聴く必要はなかった

音楽を楽しみたいという欲求は太古の昔からあったが、音楽を人々に届けるためには、多くの障壁を乗り越える必要があった。

音楽が記録できない時代には、演奏家の演奏を直接聴くこと以外に音楽を楽しむ方法はなかった。つまり生演奏である。レコードやCDが登場してからは、音楽の大量生産ができるようになったので、状況は大きく変わったが、物理的な商品を利用者に届けなければならないという点では同じであった。

ところが、ネットとスマホのインフラが完成すると状況は一変した。音楽はネットで配信できるので、ＣＤなどのパッケージを作成する必要がなくなり、価格が大幅に安くなった。いわゆる価格破壊が起こったのである。

音楽の世界における変化はそれだけにはとどまらなかった。

ネットにつなぎっぱなしという人が増えるにしたがって、音楽をネット上で聴き放題にするサービスが次々と登場してきた。様々な制限はあるものの、広告モデルとの組み合わせによって、無料で聴き放題になるサービスもある。

こうした新しいサービスは音楽の聴き方そのものを根本的に変えてしまったのである。

かつて利用者は、自分がわかる範囲で、聴きたいアーティストの曲を探し、それに対価を払って音楽を聴いていた。

しかし、今となっては、人工知能の技術を使うことで、利用者が好む音楽などはたちどころに解析できてしまう。利用者が1曲ずつ選択して聴くのではなく、利用者が好みそうな楽曲を事業者が流し続けることが可能となったのである。

そうなってくると、1曲ごとに購入するよりも、一定料金で聴き放題というサービスのほうが利用者の満足度は高くなってくる。世の中には実は無数の音楽があるが、今まではすべてを知る方法も、聴く方法もなかったが、ネットを使えば、そのようなことはいとも簡単に実現できる。よほどの音楽好きでない限り、自分の好きな音楽を求めて試行錯誤するというのは、ネット社会においてはあまり意味がない行動なのだ。

新しい資本の時代は、創造することよりも、すでに存在しているものを分類したり、組み合わせたりすることのほうにむしろ高い価値が生じる。音楽の聴き方の変化は、ネットインフラの普及が、人々の欲求のあり方を変えてしまうことのひとつの例といってよい。

モノに対するニーズがなくなる？

これは音楽業界だけにとどまる話ではない。あらゆる業界で同時平行的に進んでいる現象である。

本書の冒頭で説明した、民泊サイトのＡｉｒｂｎｂやタクシー配車のＵＢＥＲ、アマゾンの個人宅配代行など、新しく登場したネットサービスの多くが、既存のリソースをいかに組み合わせるのかという部分に焦点を当てている。

先進国ではモノやサービスが溢れ、それを十分に消費しきれないという問題はかなり以前から指摘されていた。しかし、そのような指摘とは正反対に、新しいモノやサービスは次々と登場してきた。その理由は、利用者がすべてのモノとサービスについて網羅的に情報を得る手段がなく、自分が安心できる範囲でしか購入しなかったからである。

世の中にあるすべての宿泊施設や個人の部屋に関する網羅的な情報があれば、本当はもうこれ以上、宿泊施設は必要ないのかもしれない。しかし、これまでの社会では、網羅的な情報を得る手段がなかったことから、新しい宿泊施設が次々と建設され、それを宣伝するための広告も投入されることになる。人々は、自分が接することができる限られた情報の中から、ほしい製品やサービスを選択し、それを利用してきた。

本当は、十分な供給があるにもかかわらず、実際に利用者の目に触れる製品やサービスはその中のごく一部に過ぎないのである。私たちは、すべての価格設定が、こうした状況を前提に設定されてきたという事実を認識する必要があるだろう。

本当はもっと供給が多く、価格は大幅に安くなるはずなのに、利用者にその情報が提供できなかったが故に、価格が高くなっていた可能性があるのだ。

新しいネットインフラの普及はこうした環境に地殻変動を起こしつつある。実は十分な量の供給が世の中には存在しているという事実は、ネットというツールを通じて、利用者に徐々に浸透してきている。そして、こうした状況は、確実に利用者の思考回路に変化をもたらしている。

今後、私たちは今まで以上にモノやサービスを求めなくなる可能性が高い。世の中に十分な量の供給があり、それに関する情報を入手して、安全に利用できるツールを持った今、よほどのことがない限り、新しいモノやサービスを必要としないからである。

今、先進国を中心に、モノをほしがらない若年層が増えているという。

日本はバブル崩壊以降、長期の不況が続いており、国民の購買力は大きく低下したままだ。アメリカもリーマンショックを経験するなど、従来と同じ消費生活を送れない人も増えている。日本の場合は人口減という影響も大きいだろう。

だが、こうした状況を差し引いたとしても、従来と同じペースでモノが売れなくなっているのは事実である。こうした現象は、これまで絶対的な魅力を持っていた自動車や家という鉄板商品においても例外ではなくなっている。消費者のモノに対する欲求が、ネット社会のインフラによって変化している可能性を考えるべきだろう。

従来型のニーズが後退したからといって、人々は、一切の欲望を捨てるものだろうか？この話題は本書の最後に触れるつもりだが、おそらくそのようなことはない。人々が持つ潜在的ニーズは変わっておらず、従来とは別な形でそれが発現される可能性が高いのだ。

人々が最後に求めるものとは？

時間の概念が大きく変わり、それにともなって人々の思考や行動パターン、さらには根源的な欲求までも変化するということになると、既存の製品やサービスはどのような影響を受けるのだろうか。

電話はもはや「迷惑ツール」

すでに多くの人が実感していると思うが、固定電話というものはかなり以前から形骸化しており、携帯電話も同じような末路を辿ろうとしている。

初対面の相手に対して、まずは電話をかけるべきかという論争があったが、どちらが正しいのかについて決着がつく前に、物理的な制約条件からほぼ答えが出てしまった。日常的な連絡手段として電話を使う人がかなり減ってきており、そもそも電話をかけても相手とコンタクトを取れないケースが増えてしまったからだ。

礼儀以前の問題として、電話そのものの必要性がかなり低下してきているのだ。日本は時間の進みが遅いのでオフィスにはまだＦＡＸが健在だが、アメリカではとっくの昔にＦＡＸは消滅している。こうした変化は、時間の使い方の変化に大きく関係している可能性が高い。

ＩＴツールの整備によって、コマ切れの時間がフルに有効活用できるようになった。まとまった時間、同じ場所にいる必要はなく、それぞれが自分に最適なペースでタスクを処理できるようになってきている。

そうなると、電話というものは、自分の時間に一方的に割り込んでくる迷惑な存在であり、親しい人との間以外では、あまり重宝されなくなっている。メールやメッセージングのほうが、双方の時間を有効活用できることは明らかであり、社会はその方向にシフトしている。

電話以外の連絡手段が中心になっている企業では、電話というものは、むしろ立場が上の人が、下の人に対して強制的に連絡する手段になっているケースが見受けられる。まずは電話で挨拶、というかつての概念から比較すると、まさに１８０度の変化といってよい。

ネットで多くの情報を収集し、それを管理できるようになったことで、情報に対する考え方も変わってきた。こうした動きは、ネット上のコンテンツサービスを見るとよりはっきりしてくる。

このところネット上では、各種キュレーションサイトが急激な勢いで普及している。当初は、ニュースや身の回りの情報など、わかりやすい分野ばかりだったが、現在ではあらゆる分野の情報サイトがキュレーション化している。

たとえば旅行情報であれば、以前はメディアが発行する雑誌やウェブサイトが最大の情報源であった。そこには、事業者から提供されたコンテンツや、ライターが取材して集めたオリジナルな情報が掲載されていた。ひとつひとつのコンテンツは、基本的にその雑誌・サイトに掲載するために個別に制作されていたのである。

だが最近の旅行情報サイトはキュレーション形式であり、オリジナルなものではない。登録した利用者があちこちのサイトから情報を集め、自由に情報をアップしているだけである。観光地の写真や情報はすでに既存のウェブサイトに溢れており、これらをうまく組み合わせるだけで、十分な旅行情報コンテンツが完成してしまう。新たに写真を撮ったり取材したりする必要はないのだ。

こうしたキュレーションサイトに対しては、コンテンツのタダ乗り、といった批判が絶えない。確かにそういった面は否定できないのだが、重要なことは、それができるインフラがすでに整ってしまったという現実である。

究極的なニーズは「対面」

世の中にはすでにモノが溢れており、ネットを使えばそれを効率的に活用できるということになると、先にも述べたように、モノに対するニーズは減ってくる。従来のような大量生産の製品や、画一的なサービスが思ったほど売れないのは、人々の思考回路が徐々に変化しているからである。

グーグルの自動運転車の項でも触れたが、こうした動きは今後さらに加速し、最終的には、多くのモノがシェアされる時代がやってくる可能性が高い。そうした新しい時代において、人々は何を求めるようになるのだろうか。

意外なことかもしれないが、それは他人との密接なコミュニケーションである。場所と時間の制約から離れて、効率化を追求できるようになると、人は反対に対面のコミュニケーションに時間を割くようになる。

アメリカでは、先進的なIT企業の社員が1人増えると、その周辺には、対面式サービスを中心に5つの新しい雇用が生まれる、との研究結果が出ている。都市部への人口の集中化が進み、それにともなって、付加価値の高い新しい接触型のサービスが多数生まれることが予想されるのである。

情報インフラが発達し、時間の効率化が極限まで進むと、かえって他人と顔を合わせることを望むようになるというのは、なんとも皮肉なことだが、日本においてもこの動きは水面下で着々と進行中だ。最近、首都圏では、不動産市場に数々の異変が起こっている。特に関係者を驚かせているのが、40平方メートルという極小スペースに2LDKを配置したファミリー向け物件の登場である。

これらの物件は皆、都心の利便性の高い場所に建てられている。これまで都心の物件といえば、高級マンションかシングル向けと相場は決まっていた。しかし、40平方メートルのファミリー物件は、まるで正反対である。

ギリギリのスペースでいいから利便性だけは譲りたくない、というファミリー層が増えていることが、その背景にある。こうした新ファミリー層は、おそらくモノの所有に対する欲求が少ない。一方で、ダイレクトなコミュニケーションは非常に重視しており、その結果が、スペースを極限まで犠牲にした都心物件という結果になったと考えられる。

明確な統計はないが、こうした物件を購入する層は、ＩＴツールに対するリテラシーは非常に高いだろう。今後、グーグルの自動運転車をシェアするサービスが登場すれば、真っ先に利用する可能性が高い人たちである。

2025年までにお金持ちになるためのヒント❷

自分を知ってもらう技術

スマホで人々がつながる社会は、すべての他者が自分の顧客になる可能性のある社会でもある。このような社会では、自分を相手に知ってもらうための「技術」というものが必要となる。

身内の紹介だけでビジネスが回り、対面で業務をこなす環境においては、本当の意味で、自らをプレゼンテーションする必要はなかった。直接、会って話をすればよかったからである。対面中心の社会だった日本において、いわゆるプレゼン術がどこか上滑りした印象を持たれていたのはそのせいである。

だが、不特定多数の中から自分の顧客を見つけ出すということになると、自分は何者なのか、予備知識がゼロの相手に説明する必要が出てくる。学歴だけを書いても、それは何の説明にもなっていないし、経理が得意だと言っても、何がどう得意なのかはわからないのだ。

自分が持っている能力が相手の何に役立つのか、相手の目線で、しかもテキストや画像だけを使って説明しなければならない。これはやってみるとわかるが、結構難しい。

新しい資本の時代において重要なのは、自分を知ってもらう「技術」を身につけることである。売れているネットショップは、相手に知ってもらうためのテクニックの宝庫である。まずは、このあたりから研究を始めてみるとよいだろう。

III

新しい時代における「稼げる人」を考える

10年後、あるオフィスの光景

新しい資本の時代は、人々の思考回路そのものが変化するので、稼ぎ方のルールも大きく変わってくる。どのようなビジネスに取り組んだらよいのか、どのような企業に投資したらよいのかという基準は、今とはまったく様変わりしているだろう。

また、会社の中における「稼げる人」の定義や出世の条件も変わっていくに違いない。ビジネスに関わるすべての人は、今からその準備をしておく必要がある。

10年後、仕事のほとんどはネット上で完結する

10年後の近未来。ある生活用品のメーカーに勤務するHさんは、上司から新商品の開発を任されていた。Hさんは、おおまかな製品コンセプトと顧客層を固め、上司の許可を取ると、早速、インターネットを使って具体的な製品企画の募集に入った。

10年前は、クラウドソーシングといえば、ウェブの開発や単純作業の代行など、業務内

容を特定しやすい分野の仕事が中心であった。しかし今は、製品コンセプトの立案などのクリエイティブな作業や、具体的な企画書の作成、さらには製品図面の作成といったところまで、アウトソーシングが可能となっている。

Hさんのオファーには、20件以上の応募があった。Hさんは、その中から、自社の戦略に合致しそうな5つのプランを選択し、提供者にはネット上での決済で代金を支払った。5つのプランは上司を交えた会議にかけられ、最終的にひとつのプランに絞られた。

Hさんは選択した企画書をもとに、今度は工業デザイナーを募集し、図面の作成と、実際に製造工程に入った場合のコストの計算に入った。

Hさんが勤務する会社は、生活用品のメーカーだが、自ら工場を持っているわけではない。さらにいえば、外注の工場で大量生産を行うわけでもない。顧客のニーズに合わせて、数多くの品種を少量生産する新しいスタイルのメーカーである。特定の工場に製造を委託することもせず、3Dプリンタを備えた製造代行会社で空いているところに随時発注するというスタイルだ。

工業デザイナーの試算では、十分に採算がとれることがわかったので、Hさんは上司の裁可を得るとすぐに、そのまま工業デザイナーに図面の発注を依頼した。

ここまでくると、あとの仕事はかなりスムーズだ。

3Dプリンタを使った製造代行企業の中で、注文に対応できるところをネットを使って探し出し、ロジスティクスの代行事業者にもアクセスして、製品の納入や出荷といった各種管理を依頼した。最終的に、九州にある3Dプリンタ工場が空いていることがわかり、そこに製造を委託した。

あとは、登録したECサイトに製品情報をアップし、販売を開始するだけである。ここまでわずか1か月半。Hさんはこうした短いサイクルの商品投入を、年に10回程度こなしている。

商品のコンセプト立案から、実際に出荷が始まるまで、顔を突き合わせて仕事をしたのは、数えるほどしかない。上司と細かい打ち合わせをするときや、社内の会議だけである。外部の協力会社とのやり取りは、すべてネット上で完結している。

しかし、直接顔を合わせない分、Hさんのメールやメッセージングの内容は非常に緻密である。曖昧な内容では、ネット上で仕事を完結させることは難しいからである。クラウドで関係者全員に同期するスケジュール管理ツールを駆使し、かなり厳密なタスク管理を実施している。

Hさんがこの仕事に就いてから数年が経過しているが、その間にも、同じ仕事をする同僚の顔ぶれは大きく変わった。同僚の一部は、外部の協力会社とのやり取りに齟齬が生じたり、プロジェクト管理がうまくいかなかったりして、結局、会社を辞めてしまったからである。

従業員がひとりもいない会社が登場

つい数年前までは、Hさんと同じようなことをしようと思った場合には、膨大な手間と時間がかかっていたはずだ。

そもそもオンデマンドで製品の製造を代行するという技術的なインフラが整っていなかった。３Dプリンタの技術が飛躍的に向上したのは、ここ数年の話である。すでにGE（ゼネラル・エレクトリック）など先進的なメーカーは、航空機エンジンといった高い信頼性が求められる部品についても、３Dプリンタによる製造に置き換えている。全世界的に、３Dプリンタを使って小ロット単位での製造請負が始まるのは時間の問題である。

またHさんがネット上で発注した各種の業務も、自由に選択ができる環境にはなかった。付き合いのある協力会社だけに限定されていたり、コストが高くても社内のリソースを使わざるを得ないというケースも多かったはずである。

だが、品質の高い仕事が、極めて低コストで、しかも短時間で調達できるとなると話は変わる。外部のリソースを使い倒したほうが、最終的に利益が大きいと考える企業は確実に増えてくるはずだ。

これは、ソフトウェアの開発が中国などオフショアに流れたときとよく似ている。

当初、品質や言語の問題など、障害が多いと思われていたオフショア開発だが、圧倒的なコストの安さがこうした懸念をすべて吹き飛ばしてしまった。これまで2000万円だったものが500万円でできるのであれば、ダメだったらまた発注し直せばよい。

同じようなことが、すべてのビジネスシーンに波及してくることになるだろう。

外部のリソースが豊富な環境であれば、こうした仕事はほぼひとりで完結してしまう。多人数で無駄なやり取りを繰り返しながらプロジェクトを進めるよりも、ひとり完結型のプロジェクトを多数こなしたほうが、圧倒的に効率がよい。

ここで紹介した例は極端かもしれないが、基本的に仕事の進め方は、個人完結型に向かって進んでいくはずだ。皆で顔を突き合わせながら、何となく合意を得ていくというやり方は、徐々に姿を消すだろう。

もっとも、それは仕事が楽になるということを意味していない。曖昧な発注や依頼しかできない人は次々と会社を去ることになるだろう。今までは対面で話をすることによって、依頼の曖昧さが誤魔化されていたが、新しい時代はそうはいかない。本当の意味での仕事力、つまり論理的な力が試される社会であるともいえる。

究極的にはHさんのような人材そのものが、テンポラリーなアウトソーシングの対象となるかもしれない。フルタイムの従業員がゼロという会社すら登場するはずだ。

変化は、不連続的に発生している

前項の近未来の話は、すでに一部は現実化していることである。だが、もっとも重要なことは、こうした変化は連続的なものではなく、不連続的なものになる可能性が高いということである。なぜそのような変化になるのか、これまでの技術革新の流れを振り返って考えてみよう。

90年代までの進化は限定的だった

従来の社会においても、ＩＴの進化が進むたびに、「稼げる人」の定義は変わってきた。日本で本格的にコンピュータの導入が始まったのは、１９６０年代のことである。

当時は、金融機関における決済処理や大手企業の伝票処理など、大量のデータを扱う組織が、人海戦術的な作業を代替する目的でコンピュータを導入していた。コンピュータの導入で、同じ業務に必要となる人員数は減ったが、システム化の対象となる範囲は限定的であった。

1970年代に入ると、コンピュータのコストダウンが進み、システム化の対象が広がってきた。スーパーなどで商品の売れ行きや在庫をリアルタイムで管理するPOSシステムの導入が始まったのは、ちょうどこの頃である。

この時代までは、コンピュータの導入が進み始めたとはいえ、黙々と同一の作業を行うスキルは依然として高く評価されていた。単純作業でそれなりの成果を上げるには、時間の管理が絶対であり、全員がまったく同じ水準で作業を行うことが重要であった。マネジメントする人材に求められていたのは、画一的な管理能力である。

これは従来の日本企業がもっとも得意とする仕事の進め方であり、現在でも、一部の業界では、こうしたスキルは高く評価されている。

ITの導入で多くのビジネスマンの仕事のやり方が変わってきたのは、1980年代からである。当時は「ダウンサイジング」（小型化が進むこと）と呼ばれ、小型化と低コスト化が同時に進み、オフィスの業務をコンピュータが支援するようになった。

この動きをさらに加速したのがパソコン（パーソナルコンピュータ）の登場である。

パソコンの登場で、コンピュータを1人1台持つことが可能となり、オフィスでの生産性が格段に向上した。以前は、文書や資料の作成などを専門的に行う人材が必要だったが、各人が自分のパソコンでこなせるようになった。パソコンをいじれる人が「デキる人」とみなされるようになってきたのである。

今では、ワードとエクセルは昔の読み書きそろばんと同じように、事務作業の必須要件となっているが、それ以前のオフィスでは、文書作成や資料作成のスキルはあまり求められていなかった。むしろ、達筆だったり、電話をかけるのが得意だったりする人が、社内で影響力を持っていたのである。

パソコンの普及によって、社内で求められるスキルは大きく変化したといってよいだろう。だが、パソコンがもたらした変化も、結局は、既存の仕事をベースに、より効率を上げるためのものに過ぎなかった。現在進行している変化と比較するなら、当時は画期的といわれたパソコンの登場も、従来の進歩の延長線でしかない。

だが、これから姿を現わそうとしている新しいＩＴインフラは、パソコン時代までの変化とは断絶があり、不連続的変化となる。大きなパラダイム転換をともなうと思ったほうがよい。

20年分の変化が一気にやってくる

場所を選ばないＩＴデバイスをすべての人が持つことが前提ということは、仕事のやり方は、一気にパーソナルな方向に進む可能性が高い。

特に日本の職場は、全員が顔を突き合わせ、何となく周囲の様子をうかがいながら、あうんの呼吸で仕事を進めていくやり方が標準的であった。日本の会社には「根回し」といない。コンセンサスが得られないとプロセスを進められないということと表裏一体になっている。これはパソコンがあってもなくてもまったく変わらない。

コンセンサスを得るための時間は、ほとんど生産性に寄与しないので、まさに無駄な時間ということになるのだが、全員が同じ環境下で同じ時間に勤務することで、この無駄を何とか減らしてきた、というのがニッポン株式会社の現実といってよいだろう。

ところが、場所にかかわらずネットにアクセスできるITツールを持つと、こうしたスタイルはあまり意味をなさなくなる。個人の中で仕事を完結させるほうが、効率が良くなってくるからだ。ネット上での各種サービスが豊富になっていることも、こうした状況を後押しすることになるだろう。

アメリカでは仕事の個人化が、かなり以前から進んでいる。

たとえば、ある製品のプロモーションを実施しようとした場合、従来の組織では、社内のいろいろな部署と調整を行い、全体の方向性を固めていく必要があった。社内にしかそれを実施できるリソースがなかったからである。

だが、会社の外部にこうしたリソースがあり、安い金額でそのリソースを調達できるとなると、仕事のやり方は大きく変わってくる。

イベントの企画や開催はイベント関連の会社に、ネット上のマーケティングはそれを専門とする会社に、それぞれ発注すればよい。各関係者との連絡や調整といったプロジェクト管理の仕事は、プロジェクト・マネージャーを派遣する会社に依頼して人を出してもらう。社内の担当者は、アイデアの立案と、全体の進捗管理だけに集中できる。

アメリカでは90年代からこうしたアウトソーシングが積極的に行われてきたが、日本では社内リソースの活用が続いてきた。日本企業では雇用の維持が最優先であり、多少コストが高くても、社内のリソースを使うことが推奨されたからである。

だがネットインフラの整備によって、こうした外部リソースの利用が可能となり、しかも極めて安価に利用できるとしたら、果たしてどうなるだろうか？　効率の悪い社内リソースを活用するよりも、社外リソースをフル活用して、スピーディにプロジェクトを進めたほうがよいと考える企業は確実に増えてくるだろう。従来は存在していなかった、いわゆる文系ホワイトカラーの派遣ビジネスが国内でも動き始めている。

アメリカが20年かけて徐々に進めてきた変化が、日本の場合には一気に押し寄せることになるかもしれない。その意味で、まさに不連続的変化なのだ。

これからの時代に求められるのは、知識ではなくアイデア

ネット上であらゆるビジネスリソースが揃うということになると、ビジネスパーソンに求められるスキルは、すでに存在する商品やサービスをいかに的確に組み合わせることができるかという部分に集約されることになる。

これはビジネスでもプライベートでも同じことなのだが、豊かな社会に完璧なネットインフラが揃うと、たいがいのモノやサービスはネットを使って手に入れることができるようになる。まったく新しいものをゼロから作り上げるということはなくなり、既存のモノやサービスをうまく組み合わせ、新しい価値を創造するという仕事に価値が生じてくるのだ。

このように書くと、これからの時代は創造力が必要とされない社会になるという印象を持たれるかもしれないが、そうではない。むしろ状況は逆である。

これまでの社会における創造力というのは、実はある条件下における能力でしかなかっ

た。技術的な問題やビジネス実務上の問題があり、実現できないことが多すぎたからである。世界中のすべての道路の画像データが地図にリンクされるなど想像もできなかったし、ビットコインを使ってリアルタイムでグローバルな決済ができる環境というのも非現実的な話だった。ましてやロボットが日常生活に入り込むなど、半分ＳＦの世界でしかない。

つまりこれまでの世界における創造力というのは、常識の範囲内という限定的な条件下で、どれだけ斬新なアイデアが出せるのかの勝負であった。常識を超えるアイデアは、問答無用で斬り捨てられていたのである。

確かに新しいネット時代のアイデアは、世界中に分散する個別のサービスや製品の組み合わせでしかないかもしれない。しかし、それらの組み合わせパターンは無限大である。人間の頭脳の処理能力を考えれば、組み合わせによって得られる画期的なアイデアは、既存の限定的な枠組みにおけるアイデアをはるかに凌駕するだろう。

職員のアイデアで2億円のものが800万円に

新しい時代においてもっとも有利な立場になるのは、こうした無数のアイデアを組み合わせ、ひとつのサービスや商品に仕立て上げる能力を持つ人である。こうした動きは、ソフトウェアの世界ではかなり以前から顕在化していた。

秋田県の大館市で、市役所内の電話交換機を職員が手作りで開発し、わずか８００万円でシステムを完成させてしまったという出来事が話題になったことがある。電話の事業者が提示した見積もりは2億円だったので、コストは25分の1である。

こうしたコスト削減が実現できたのは、電話の交換機システムを構成するハードとソフトをバラバラに調達し、ソフトは職員が自前でカスタマイズするといった方法が可能となったからである。調達ができたとしても、実際に製品として機能させるには、様々なノウハウも必要となるのだが、これもネット上に多くの情報がアップされている。こうしたネット上の情報を駆使することで、エンジニアではない職員でも技術的な課題を克服することができた。

もっとも、この2億円の見積もりには、様々な付帯設備の金額が含まれており、電話システム単体ではもっと安かったといわれているが、職員が手作りすることで劇的なコスト削減を実現したことに変わりはない。

ソフトウェアの世界では、すでにあるものをうまく組み合わせ、新しい機能を持つソフトとして再構築することが当たり前のことになっている。

大館市の職員は、すぐれたアイデアを持っていただけでなく、既存のリソースをうまく組み合わせ、組織が求めるものを再構築することができている。これは新しい時代に求められる能力そのものといってよい。

こうした動きは今後、ソフトウェアという狭い領域だけでなく、すべてのビジネス環境に波及してくる可能性が高いのである。

アイデアに特化した家電メーカーの登場

まだあまり知られていないが、国内にａｍａｄａｎａというデザイン家電を製造するメーカーがある。この会社が製造するのは、電卓、冷蔵庫、スピーカー、リモコンなどごくありふれた白物家電やデバイスである。こうした製品は、グローバルにコモディティ化が進んでおり、製品を出した途端に価格が急落していくという、典型的な「儲からない」ビジネスとなっている。

日本メーカーはかつて家電で圧倒的なシェアを誇っていたが、そのほとんどを中国など低コストの国に奪われる結果となった。

だがａｍａｄａｎａは、あえてこのような分野で新しいビジネスを展開している。同社が提供する製品は、すべて高いデザイン性を備えており、機能は最小限に絞られている。当然のことながら機械の中身を同社が開発・製造することはなく、たとえば白物家電であれば、中国のハイアール（元三洋電機）と提携し、同社からモジュールの提供を受けている。

ａｍａｄａｎａの製品は、高いデザイン性がウリだが、価格も相当強気である。一部のユーザーにとってはとても買う気にならない値段かもしれない。だが、高くてもよいのでシンプルでデザイン性の高い製品を望むユーザーは一定数存在する。コストをかけずにこうしたニッチな製品を提供することができれば、十分にビジネスとして成立するわけだ。

ａｍａｄａｎａは、家電モジュール、商品企画、デザインという各種のビジネスリソースを組み合わせるアレンジ力に強みを持った新しいスタイルのメーカーと考えるべきだろう。つまり同社のコアな価値はそのアイデアにある。

既存の製品モジュールを使って、デザイン性の高い商品を再構築するという考え方は以前から存在した。だが、新しいネットインフラが整った今、ａｍａｄａｎａのようなメーカーは、ただデザイン性の高い製品を出すだけにはとどまらないはずだ。

最終的にはネット上で利用者から注文を受け、オリジナルなデザインを加えた形で、一点モノの家電を製作・納入するような方向に展開していくはずである。こうした事業展開を実現するには、すべてのリソースを社内で抱えていては採算が合わない。注文ごとに、外部リソースをうまく活用してプロジェクトを進めていくような柔軟性が求められる。

これは、新しいネット時代ならではのビジネス・プロセスであり、おそらくこうした形態のビジネスは今後、数多く登場してくるだろう。新しいビジネスを模索している人にとっては、これほどチャンスに満ちあふれた時代はないのだ。

あらゆる仕事が「個人完結型」になる

新しい資本の時代においては、世の中にある無数のビジネスリソースを組み合わせる立場の人が有利になると解説した。一方、多くの人が求めるビジネスリソースを提供する人にも、大きな利益が転がり込んでくる。

「完結」を求める人に特化して売上高を30倍に

インターネット上で販売される商品やサービスをじっくり眺めてみると、多種多様なものが揃っていることをあらためて実感する。関西のある印刷会社は、ネットからの印刷物受注に特化することで、斜陽産業でありながら業績を劇的に拡大することに成功している。

印刷物は、発注者のイメージと完成品が異なっていることも多く、顧客とのやり取りが面倒で、ネットでの提供が難しいといわれてきた。しかしこの会社は、あえてネットだけで完結することを望む顧客に特化。従来の印刷所では入稿を受け付けていなかったマイクロソフトのオフィスに対応するとともに、破格の値段を提示して顧客の獲得に成功した。同社の売上は、10年間でなんと30倍に拡大している。ネット主体の印刷受注なので薄利多売ではあるが、爆発的に増えるボリュームがそれをカバーしている。

同じく関西にある木材加工業者も、同様にネット経由の受注に力を入れている。ホームセンターなどで行われているカットのサービスをすべてネットで受け付け、ベニヤ板1枚から対応している。ホームセンターへの行き来といった手間を考えると、送料を払っても、こうしたネット上のサービスを利用したほうがよいという顧客は確実に存在する。全国から顧客を獲得できるため、最終的には大きなビジネスになる。

このほか、ドア1枚から破格の値段で作成を請け負う会社や、ITに関する知識がゼロでも、デザイン性の高いウェブサイトを瞬時に作成・運用できるサービスなど、ある部分に特化した特徴的なサービスが次々登場している。

一見、付加価値が低いように見えても、ネット上で集客ができれば、営業やマーケティングのコストを大幅に削減することができ、十分にビジネスとして成立させることが可能だ。

これらのサービスは皆、かゆいところに手が届くちょっとした心遣いが武器になっている。新しいネット時代においては、単一の魅力的なサービスを提供する事業者と、こうしたサービスをうまく組み合わせ、新しい価値を生み出す事業者の二人三脚になる。もっとも立場が危うくなるのは、どちらにも属さない中途半端な製品やサービスである。

だれもがベンチャー企業の社員になる

既存の製品やサービスを組み合わせ、新しい付加価値を作り出すという、新しいビジネスプロセスは、実は個人事業主やベンチャー企業と非常に相性がよい。すべてを個人のレベルで完結させることができ、大きな初期投資を必要としないからである。

今後、こうした形のビジネスが増えていくのだとすると、大企業も含めて、仕事の仕方はますますパーソナルに、そしてベンチャービジネス的になっていくはずである。

これまでも大企業が中堅・中小企業に対して、仕事を発注することは日常的な光景であった。だが従来の発注形態は、基本的に丸投げであり、発注側の担当者が楽をするためのシステムであった。

受注する企業は、特定分野に特化してコストパフォーマンスを発揮するよりも、多少高くても、顧客企業の仕事を丸々請け負えることを重視していたといってよいだろう。

発注企業の担当者は、常に楽することばかり考え、社内の根回しがしやすい会社を発注先として選別していた。日本企業が前例主義で、新しいことをしないというのはこうした慣習も原因のひとつになっている。

だが、新しい資本の時代における外注は、これとは状況がまったく異なる。

サービスを提供する側は、コストを極力抑えるため、業務の範囲を明確に絞っている。

このため「とりあえず全部お願い」というわけにはいかなくなる。工夫が必要となるのは、むしろ発注側の担当者のほうである。どのサービス事業者が、どの程度のコストで、どこまでやってくれるのか、真剣に考え抜かないと、プロジェクトを発注することができない。

これは社内で根回しをすることを最優先していた従来のやり方と正反対であり、その姿はむしろ、ベンチャー企業の経営者や個人事業主のそれに近い。

こうした働き方が増えてくれば、ビジネスマンの思考回路も、自然と「カイシャ」という発想から「個人」というものにシフトしてくることになる。実際、こうしたビジネス形態が日常的な光景となっているネット系企業では、社員が自分の仕事を他人に説明するときの口調が、従来型企業の社員とは大きく異なっている。

古い世代のサラリーマンは、主語はあくまで「会社」で、自分は担当者に過ぎないというニュアンスで話をする人が多かった。しかし、個人完結型の仕事が当たり前となっている会社の社員は、「『私』が手がけたこのプロジェクトは」といった具合に、自分が話の前面に出てくる傾向が強い。

いくら仕事が個人中心とはいえ、事業主体はあくまで企業であり、社員は雇われているに過ぎないので、自意識が過剰になることの弊害はあるかもしれない。だが、間違いなく彼らには、自分が責任を持って進めた仕事という意識が芽生えており、仕事に対する価値観は、従来とは大きく異なっているようである。

日本型のサラリーマン社会はなかなか強固なものであり、そう簡単に状況が変化することはないだろう。だが着実に、仕事のパーソナル化が進み、大企業のサラリーマンとベンチャー企業の垣根は低くなっていく。また、特定のビジネススキルを売りに、個人契約として仕事をするという形態も間違いなく増えてくるだろう。

もしかすると、社会の仕事の形態は、このように自由がきくパーソナルなものと、規定の時間、しっかりと拘束される従来型のものとに二極分化していくのかもしれない。

当然のことだが、企業内のビジネスマンとして仕事をするにしても、個人として仕事をするにしても、自由がきく形態の仕事ができなければ、大きな報酬は得られないと考えたほうがよいだろう。

「経験」の価値は半減する

すべての人にデバイスが行き渡ることに加え、人工知能の急速な発達が、変化の不連続性をより著しいものにしている。

これまで筆者は、ロボット技術の発達で、既存の仕事の多くが失われる可能性があると指摘してきたが、最近ではこうした話題がメディアでも取り上げられることが多くなってきた。このように書くと、人工知能を搭載した人型のロボットが世の中に出てきて、人の代わりに仕事するような光景をイメージするかもしれないが、実際にはそんなことにはならないだろう。

人工知能とロボットの普及はもっと目立たない形で進む可能性が高いのだ。

ロボットと人工知能はホワイトカラーを直撃する

ロボットが人の仕事を奪うという話題のきっかけとなったのは、英オックスフォード大学が発表したレポートである。「仕事の半分が消失」というわかりやすいメッセージはメディア受けし、一気にこの話題が広がった。「仕事の半分」というキーワードは多少割り引いて考える必要があるが、潜在的にそうなる可能性は十分にある。

多くの人は、ロボットの登場によって、単純労働が淘汰されると考えている。また、付加価値が高い仕事はそう簡単にロボットに置き換わることはないとも考えている。だが、最新のロボット技術の動向を見ると、必ずしもそうとは言えなくなってくる。

ロボットの導入で最初に淘汰される可能性が高いのは、実は知識労働のほうなのである。工場での利用を想定した従来型の産業用ロボットは確かに一部の工場労働者の職を奪っていった。だが、新世代のロボットは、工場ではなく、オフィスにおける単純作業を直撃する可能性が高い。書類の整理などを中心とする事務作業員やスケジュール管理的な仕事がそのターゲットとなる。こうした職種は今後、数を減らしていくことになるだろう。

また経理業務など、ある程度の専門性が必要とされた仕事に対してもその影響は及ぶ。経理業務は専門知識が必要とはいえ、仕事のほとんどが比較的単調な内容だからである。100%機械化ができなくても、人工知能システムでアシストされたスタッフが、アウトソーシングという形で経理業務を受託するケースは増えてくるはずだ。

こうした事例は日本でも現実のものになろうとしている。銀行ではすでに人工知能の導入が始まっている。

国内メガバンク3行は、顧客向けのコールセンター業務に、順次、人工知能を導入していく計画を明らかにしている。3行が導入を進めているのは、米IBM製の人工知能「ワトソン」である。IBMは、人工知能の開発に力を入れており、1997年には同社の人工知能「ディープ・ブルー」がチェスの世界チャンピオンを破ったとして話題になった。ワトソンは、ディープ・ブルーの後継機で、ビジネス現場での導入を想定して開発されたものである。

人工知能における最大の特徴はその高度な自己学習機能である。従来のコンピュータと異なり、プログラムという形で外部から「教育」されなくても、自ら学習して精度を上げていく。

コールセンターには「ATMの手数料はいくらですか？」「ネットバンキングは使えますか？」といった曖昧な質問が数多く寄せられる。ひとくちにATMの手数料といっても、自行のカードと他行のカードの場合では異なった料金体系が設定されているし、時間帯によってもバラバラである。ネットバンキングについても、「ネット使える？」といきなり聞いてくる人もいれば、「オンラインサービスの使い方がわからないのですが？」と質問する人もいるだろう。

コールセンターのオペレーターは、このあたりを包括的に考え、最適な形で顧客に回答する必要がある。ベテランのコールセンター要員と、経験の浅い要員とでは、このあたりの対応に大きな差が出てくることになる。つまり、業務の経験値は、極めて大きな付加価値を生み出していたのである。

ところが人工知能はこうした微妙な違いについても自律的に学習していくので、経験を積んでいないオペレーターでも、熟練者に近いスムーズな案内ができるようになる。

三井住友銀行のサービスは、オペレーターが電話を受け、質問内容をテキストで入力するという形式を採用しており、顧客とのインターフェースはオペレーターの役割となっている。だがみずほ銀行では、直接、顧客と人工知能が対話することも想定しており、すでに十分な実用レベルに達しているという。顧客がどのような印象を持つのかという別の問題はあるものの、スマホでは自然言語処理（iPhoneのSiriやグーグル翻訳など）がすでにメジャーな存在になっていることを考えると、技術的ハードルは低いと考えてよいだろう。

銀行のコールセンターは正確性が要求される。現在、導入が進められている人工知能は、銀行のサービスに関する情報を一旦は体系的に入力されているはずだ。しかし、本来、人工知能が持つ自己学習機能をフル活用すれば、自社サービスに関する情報を事前にコンピュータに教える必要すらない。

仮にいきなり現場に放り込んだとしても、コンピュータは自己学習を開始し、ベテランと同じスキルやノウハウを身につける可能性が高いのだ。人工知能は、教育のコストがほとんどかからない便利な存在なのである。

その先にあるのは、人工知能による社員の教育

もしこうした能力を持った人工知能が一般的なオフィスに普及してくると、ちょっとした革命をもたらすことになる。

たとえば、今までは、業務を標準化するために、膨大な手間をかけてマニュアル化などを行っていたが、人工知能がシステムに入れば、担当者のメールのやり取りや、作成したドキュメントを分析し、自動的にマニュアルを作成してしまうことが可能になる。

会社のパンフレットや製品のマニュアル、サービス案内といった書類を整理せずにコンピュータに放り込むと、人工知能がこれを体系化し、自動的にデータベースを作成するといったこともできるようになるだろう。

さらにこの段階からもう一歩進むと、人工知能は業務を的確に分析し、業績を上げるための法則を導き出すようになるはずだ。

どこの会社にもある営業という部署も、近い将来、その雰囲気を大きく変えているだろう。

大企業では、営業支援システムを導入しているところも多いが、ほとんどがスケジュール管理や案件の進捗管理といった用途にしか使われていない。営業成績を向上させるための機能も搭載されているが、あくまでそれは付随的なものであった。

しかし人工知能をこのシステムに実装すると、システムが持つ機能が根本的に変化してくる。人工知能を使えば、営業マンが作成したメールやドキュメントをシステムが分析できるようになる。社内での理解が得られれば、電話のやり取りを録音し、自然言語解析技術を使って内容を把握することも可能となるだろう。

人工知能は、もっとも高い営業成績を上げている営業マンに着目し、メールの書き方、提案の進め方、電話の応対などを次々と学習していく。そして、営業成績を上げるためには、どのようなやり方がベストなのか、情報を体系化し、一種のマニュアルを作成していくことになるだろう。だがそこで人工知能の役割が終わるわけではない。

次にそのシステムが行うのは、営業成績が振るわない営業マンに対する指導である。メールを書いて顧客に送ろうとすると、システムが「その文面では十分な顧客満足を得られません。以下のような形に書き直してください」と警告を発することになるかもしれない。行き着く先は、実際には存在しないのに、あたかも社員であるかのように顧客とやり取りするバーチャルな営業マンである。

この話はあくまで筆者の推測だが、人工知能が持つ潜在的な能力を考えれば、かなり近い将来に実現できるものと考えてよいだろう。

「私って、そんなに単純でしたっけ？」

ここまで説明してきた事例は、知識労働の中でも、単純な知識や経験に依存する割合が高いものであった。こうした仕事がロボットや人工知能による影響を受けやすいというのは、何となくイメージできたかもしれない。

だが人工知能がカバーする範囲は、実はこれだけにとどまらない。感性や創造性といった、本来であればロボットがカバーする範囲の対象外と思われていた部分にも影響力は及んでいく。場合によっては、仕事を失うリスクはこちらのほうが高いかもしれない。

好みの曲ばかり選び出してくる音楽配信サービス

日本では、音楽コンテンツの多くがいまだにCDによる販売となっており、世界の潮流からは完全に取り残された状態にある。最近、日本でもようやく聴き放題型の音楽配信サービスが登場してきたが、こうしたサービスで世界の先頭を走っているのが「Ｓｐｏｔｉ fy（スポティファイ）」である。

音楽聴き放題サービスは欧米市場における音楽の聴き方を根本的に変えたといわれている。スポティファイでは、無料会員の場合には、数曲に1回の割合で広告が入る、音質が低い、ダウンロードができないといった制限があるものの、基本的に聴きたい曲をいつでも聴くことができる。

だが、聴き放題サービスの本質は、利用者が聴きたい曲を聴くことにあるわけではない。注目すべきなのはラジオと呼ばれる機能で、好きな分野やアーティストを選択すると、それに関連した音楽が次々流れてくるというサービスだ。

実はここに人工知能の技術がふんだんに使われている。

同社の選曲アルゴリズムには定評があり、利用者が好みそうな曲を上手に選曲してくる。筆者も実際に試してみたが、「よくぞ、ここまで自分の好みを理解しているなあ」と感心するくらい、ドンピシャリの曲を配信してくる。有料会員であれば、気に入った曲をその場でダウンロードすることも可能である（日本では例のごとく権利関係がガラパゴスで、本書執筆時点において、スポティファイのサービスは利用できない状況が続いている）。

確実に自分の好みに合っている曲が次々に流れてくるということになると、音楽を流しっぱなしにする利用者が増えてくる。聴き放題のサービスが急増していることは第2章でも触れたが、この動きは、音楽業界のビジネスモデルに大変革をもたらしている。

これまで、音楽のダウンロード販売では、販売会社と主要レーベルは個別の曲ごとに契約を交わしていた。だが、聴き放題サービスでは、サービス提供者とレーベルは包括的契約を結ぶケースが多いといわれる。包括契約の場合、アーティストに支払われる金額は少額になってしまう可能性が高い。

スポティファイのようなビジネス形態が主流になった場合、売上げの利益配分は従来とは大きく異なったものになるだろう。場合によっては、アーティスト、レーベル、配信会社の関係が大きく変化することになるかもしれない。

話が少しそれてしまったが、筆者がここで言いたかったことは、複雑に思える人の感覚も、人工知能を前にすると、思いのほか単純だったという現実である。

筆者は、学生時代にジャズ研究会に所属していたこともあり、自分ではかなりの音楽好きだと考えていた。自分の好みは単純ではなく、他人にはそう簡単に理解できないはずだと、勝手に思い込んでいたのである。

しかし、人工知能を使って、筆者の好みの曲を次々と繰り出してくるスポティファイのサービスを前に、その価値観はあっけなく崩れ去ってしまった。人間の感覚すべてが薄っぺらいとまでは言わないが、少なくとも、私たちが思っていたほど複雑なものではなかったようである。

人工知能を使えば、どのようなシーンが顧客に感動を与えるのか、どのようなタイトルが顧客の目をひくのか、どういった色使いやデザインが顧客の心をつかむのかといった分析が意外と簡単にできてしまう。そうなってくると、もっとも影響を受けるのは、これまで数値化が難しいと思われていた、感性を武器にする職種ということになるだろう。

感性がウリの仕事も危ない

たとえば、ある商品をプロモーションするためのウェブサイトを企画する仕事を想定してみよう。企画というのは形がない仕事だけに、担当者のセンスが人一倍問われることになる。全員が全員ではないが、企画担当者の中には実はセンスがないという人が一定数存在しており、これが周囲の人を困らせているケースは意外と多い。

ある大企業からデザインを受注したウェブ制作会社は、発注企業の企画担当者の適当な指示にいつも辟易していた。指示の内容が、この商品は「大人カワイイがコンセプトなので、その感じを生かしたコンセプチュアルなデザインがほしいですね」といった具合なのだ。

実際にいくつかプランを提示しても「なんか違うんだよね」としか言わず、具体的な指示が得られない。結局、プランは二転三転して、中身がよくわからないものが完成するといったパターンが多かったという。

本来であれば、こうした企画担当者の付加価値はゼロである。しかし、従来の社会では、感性に依存する部分が大きかったことから、その能力やセンスを数値化することができなかった。このため、能力を過大評価されてきた人も多かったと考えられる。

しかし、人工知能の時代においては、こうした企画担当者はすぐに必要とされなくなるだろう。製品コンセプトにもっとも合致した色と基本デザインの組み合わせは、人工知能がはじき出してくれる。デザイン会社はそれに沿った形で基本デザインを考えればよいので、工程は一気に短縮可能となる。

人工知能時代においては、不確実性が高い分野がこれまでより大幅に縮小されることになる。人工知能を使いこなす側に回るか、人工知能ではまったく太刀打ちできないアーティスティックな能力を持っていないと、高い付加価値は得られないだろう。

人工知能時代にはアーティストともビジネスマンともつかない人種が仕事をする場所は、ほとんどなくなっているかもしれない。

長嶋茂雄と石井一久はどちらが有利か？

本章では、新しい資本の時代において、仕事の質がどのように変化するのかについて論じてきた。これからの時代は、どのような人物が「稼げる人材」と呼ばれるのだろうか。いくつか列挙してみた。

①多くのビジネスリソースをアレンジして新しい製品やサービスに再構築できる人
②仕事を自己完結できる人
③曖昧さを排除し論理的に仕事ができる人
④コストパフォーマンスの高いビジネスリソースを提供できる人
⑤人工知能を論理的に教育できる人

これらの項目をよくよく眺めてみると、従来の日本における企業社会で求められている人材と正反対であることがわかってくる。

従来の日本型企業社会では、外部の新しいリソースを積極的に活用することはあまり推奨されなかった。社内のリソースが最優先であり、社外の場合には、付き合いの長い下請け企業といった形が多くなってしまう。日本において転職文化がなかなか定着しなかったのは、外部リソースを活用する習慣があまりないからである。せっかく外部から人材を取り込んでも、その人が持っていたリソースはほとんどの場合、転職先に持ち込むことができない。

同様に、日本の大企業はベンチャー企業との協業も下手といわれる。

コンサルティング会社のデロイト トーマツ コンサルティングの調べによると、日本企業において新規事業領域が売上高に占める割合はわずか6・6％だった。アメリカや中国における同種の調査では、アメリカは11・9％、中国は12・1％と日本の倍近くの数値となっている。

さらに新規事業の内容をもっと詳しく見てみると日本企業がいかに変化に乏しいのかがわかる。アメリカ企業は新規事業のうち、自社として新規なだけでなく世の中にとっても新規性の高い事業が半分以上を占めている。これに対して、日本企業における新規事業の中で、世の中にとっても新規性のある事業の割合は11％、事業全体からみればわずか0・7％程度しかなかった。

つまり、日本企業が取り組む新規事業はアメリカや中国の半分以下の水準であり、しかも新規事業のうちの90％が自社にとっての新規事業でしかなく、世の中にとっては目新しくない事業ということになる。

アメリカ企業が積極的に新規事業に挑戦できるのは、ベンチャー企業を含めた外部のビジネスリソースを積極的に活用できているからである。

新しい資本の時代においては、日本企業もこうした外部リソースの活用と無縁ではいられなくなる。発注・受注という関係性はキープしつつも、上下関係を意識しすぎないフラットなコミュニケーションを実現できる人材はあらゆる局面で重宝されるだろう。

仕事の自己完結も同様である。

従来の企業社会では、目的を達成するために合理的にプロジェクトを進めるよりも、周囲との調整がうまく、各方面から文句が出ないよう利害のすりあわせができるタイプの人が評価されてきた。これはこれで大事なスキルだが、仕事の単位が小さくなり、パーソナルに完結するようになってくると、そうした能力はそれほど重視されなくなってくるだろう。

周囲との調整能力は、実は論理的な仕事の進め方ともあまり相性がよくない。

日本では「理」では仕事が進まず、「和」で仕事をするほうがうまくいく。筆者は起業家として事業をゼロから立ち上げた経験があるが、案件を通すために、少なからず「情」を優先した仕事の進め方を選択したことがある。

だが、対等なパートナーシップでプロジェクトを進めていく場合、こうした能力はあまり重要ではない。むしろ、論理的に相手に意図を伝えられることの価値が高まってくる。

情に訴えかけるのは上手だが、話の中身は曖昧で、最後はノリで調整してしまうというタイプの人は、徐々に活躍の場をなくしていくだろう。

フラットな協業の場合、相手の側に、何となく付き合っていれば得をするだろうという期待感はない。仕事の指示を的確に出し、サービス内容に見合った支払いをしてくれる顧客こそ、優良顧客である。よい発注先になるためには、ノリではなく、無駄のない的確な指示がもっとも大事な要素となる。

人工知能時代には、ノウハウを汎用化できる人が勝つ

仕事を発注する側だけでなく、仕事を受ける側としてもそれは同じことである。発注側のスキルとして求められるものは、当然、受注側にも当てはまる。

「やる気だけはあるので仕事を下さい」というノリの営業活動は徐々に消滅していくはずだ。一方で、指示された範囲の仕事を的確にこなし、コストパフォーマンスの高い価格を提示できる人は、おそらく引っ張りだことなるだろう。

ネットで完結するからといって基本的なビジネス・スキルが問われないというわけではない。

むしろネット完結型だからこそ、定期的な進捗の報告や納期の遵守、文章の正確性などが強く求められる。

こうした論理性は人工知能の教育という面でも役に立つ。

仕事ができる人にも、2つのパターンがある。ひとつは、自分がなぜ仕事ができるのか、よく理解しており、そのノウハウを他人に説明できるタイプ。もうひとつは、自分がなぜ仕事ができるのかうまく説明できないタイプの人である。

昭和の時代、元読売巨人軍の長嶋茂雄監督が後進の指導をする際には、いつも擬音のオンパレードだったのは有名な話である。常に「シュッと引いてバアーンと打つんだ」といった具合で、彼の話を聞いても、だれもその内容を理解できなかったといわれる。

長嶋氏が天才プレーヤーであることはだれもが認める事実だが、このようなタイプの人は、人工知能時代には不向きである。自らのノウハウを汎用化し、効果的にそのノウハウを伝えることができないからである。

これに対して、米メジャーリーグでも活躍した元ヤクルトの石井一久投手は、人工知能時代には有利になる可能性が高い。彼の野球解説は、その飄々とした風貌とは正反対に、非常に論理的なことで定評がある。ある投手の選球に対して、なぜそのような選択をしたのか、的確に説明することができるのだ。石井選手は、人工知能を使いこなす側に回れるだろう。

2025年までにお金持ちになるためのヒント③

仕事とプライベートを分けない

従来型社会では、仕事とプライベートを分けることは大事なことであった。仕事は仕事として切り分け、私生活をエンジョイすることで、仕事の活力にもつながってくるという考え方である。だがそれは、あくまで使われる側の人の価値観である。

経済的に成功している人の多くは、仕事とプライベートにあまり境界線がない。成功している人は、自分のペースで仕事ができるので、その分、仕事も楽しいのだと考えられる。また、他人から過剰に仕事の邪魔をされることもないだろう。

本書で述べたようにビジネスの環境は大きく変わろうとしている。これからの時代は、仕事とプライベートを無理に分ける必然性が少なくなりつつある。仕事がパーソナルになり、成功者でなくても、仕事を自分のペースで進めることができるのなら、あえて仕事とプライベートを切り分ける必要はない。

シリコンバレーのIT企業の中には、職場に自分の自転車や遊び道具を持ち込んでもよいというところが多い。そこまではいかなくても、何時から何時までは仕事の時間、と無理に分けないほうが、最終的な効率は上がるかもしれないのだ。

Ⅳ
これからの「富のルール」を知る

富を形成する方法は2種類だけ

第3章では、新しいネット時代において、どのような人が「稼げる」人材になれるのかについて解説した。第4章では、話をもう少し拡大して、新しい時代における「富の作り方」について解説してみたいと思う。

年収を増やしてお金持ちになることは案外難しい

経済活動を通じて富を形成する方法は、実は2種類しかない。ひとつは、毎年の収入を最大化して、それを貯めていくやり方。もうひとつは、資産を保有し、その価値を高めていくというやり方である。経済学的に言うと、前者はフローで稼ぐということになり、後者はストックで稼ぐということになる。

フローで稼ぐという行為は多くの人にとって馴染みのある方法である。サラリーマンが毎月会社から受け取る給料は典型的なフローの所得である。

フローを使って資産を形成するためには、毎年のフローをできるだけ大きくすればよいということになる。高給取りのサラリーマンになって高い月収を得る、スポーツや芸術などで高い成果を上げる、あるいは、個人事業主として事業を行うといった方法で収入を最大化することが、蓄積する資産の額を大きくする早道というわけだ。多少、消極的だが、節約で支出を最小化することも効果があるだろう。

だが、現実にはフローで大きな富を形成することはかなり難しい。その理由は、ひとりで稼げる額には限度があることに加え、税金が重くのしかかってくるからである。

外資系の金融マンの中には、何億もの年俸を稼ぐという人が存在している。しかし、このような人は全体からすればごくわずかである。

金融関係のビジネスでは、場合によっては数人のチームだけで数十億円の利益を得られるというケースがある。Ｍ＆Ａ（合併・買収）の仲介といった業務はその典型である。Ｍ＆Ａの仲介業務に必要な人員は２人か３人、多くても数人がいいところである。少人数で仕事ができる一方、１件のＭ＆Ａで動く金額は非常に大きい。

しかも、金融ビジネスは絶対値ではなく割合で物事が決まる世界である。

先ほどのＭ＆Ａの仲介手数料が５％だった場合、10億円の案件でも、１００億円の案件でも、手数料は５％である。しかも10億円の案件と１００億円の案件でかかる手間はそれほど変わらない。

10億円なら手数料収入は５０００万円だが、１００億円なら5億円である。１００億円の取引をまとめたチームのリーダーは、その案件だけで億単位の報酬を得ることが可能となる。外資系の金融機関の社員が、びっくりするような高い報酬を得られるのは、彼らのビジネスがこのような仕組みになっているからである。

だがこうしたビジネス形態は非常に珍しい。大きなお金が動くビジネスのほとんどは、大きな組織があってはじめてその金額を動かすことができ、そこから得られる報酬は何十人、何百人で分け合わなければいけない。

パナソニックが1台のテレビを開発・生産・販売するためには、何百人、何千人もの人が関与することになり、必然的に、ひとりが得られる報酬も少なくなってしまう。日本においても、プロ経営者として何億もの報酬で雇われる人が出てきているが、レアケースであることに変わりはない。

一方、個人事業は、稼ぎのすべてを自分のものにすることができるが、個人でできる仕事には限度があり、稼げる金額のケタが小さくなってしまう。したがって、フローという所得で何十億も稼ぐということは現実的に難しいのだ。

ネット上のアフィリエイトなど、短期間で大きな金額を稼ぐ人もいるが、たいていの場合、同じやり方は継続できない。一方、継続性の高いビジネスを選択すると、今度は1年あたりに稼げる金額が小さくなってしまう。なかなかオイシイ話がないのである。

最後は税金との戦いになる

工夫を重ねて、継続的に大きな金額を稼げたとしても、今度は税金という関門が待ち構えている。日本は累進課税制度が採用されており、所得が大きくなればなるほど、所得税の額も大きくなってくる。税金に負けてしまい、効率よく資産を蓄積できないケースが出てくるのだ。

日本の所得税の最高税率は45％となっており、高額所得者は場合によっては年収の半分近くの金額を税金として支払う必要がある。実際には各種の控除があるため税率はもう少し低くなるが、たとえば、年収２０００万円の人であれば、おおよそ十数％の所得税がかかる計算となる。

一方、年収３００万円の人は、約２％程度しか所得税は課税されず、実質的に無税に近い状況となる。年収６００万円でも状況は大きく変わらず、せいぜい数％といったところである。

源泉徴収の対象となる給与所得者のうち年収が１０００万円を超える人は全体のわずか約４％だが、その人達が支払う所得税は全体の50％近くを占めている。

日本の税制はお金持ちに対して厳しいとよくいわれる。この是非についてはいろいろと議論があるが、全体の４％に過ぎない高額所得者が、税金の半分を支払っているという現状を考えると、年収が多いほど税金面で不利だというのは、客観的事実とみてよいだろう。一方これがアメリカやヨーロッパになると、年収300万円の人にもしっかりと税金が課せられてしまう。

年収が1000万円以上あるのに、貯蓄がゼロという人は意外と多い。収入がたくさんあるのに、このような状態になってしまうのは、累進課税の仕組みをよく理解していないからである。

年収が500万円から1000万円になったからといって、最終的な手取りの金額も2倍になるわけではない。差し引かれる税金の額も多くなってしまうからだ。年収が増えた分、そのまま何も考えずに支出を増やしてしまうと、手元に残る金額は驚くほど少なくなってしまう。

多くの人は、普段、税金について意識することはないのだが、この税金という存在はなかなかやっかいである。

少なくとも日本においては、単純に毎年のフローを増やすことで、富を形成するというのは、かなり不利な戦いであることを理解しておいたほうがよいだろう。

資産形成の王道は、ストックの価値を高めること

ひとりの力でフローを最大化することが難しいということになると、次に考えられるのは、他人の力をうまく使うというやり方である。仕事を組織化し、より規模の大きいビジネスにして、フローを何十倍にも拡大するのである。そうすれば、税金を支払っても、十分な額の資産が手元に残ることになる。

少し抽象的な言い方をしたが、これをわかりやすい言葉で置き換えると、事業化ということになる。

人の力を利用すると規模を拡大できるということは、店舗の運営などを考えるとわかりやすいだろう。自分ひとりでお店を運営するのと、自分がオーナーになり、店長や店員を雇ってお店を運営するのとでは、最初からビジネスの規模が違ってくる。

年間1000万円しか売上がない店舗と、人を雇って規模を拡大し、5000万円の売上を達成する店舗を比較すれば、同じ利益率だったとしても、5000万円の店舗のほう

が、手元に残る金額が圧倒的に大きくなることは容易にイメージできるはずである。

1店舗の運営がうまくいったら、今度はそれを2店舗、3店舗と拡大することもできる。巨大なチェーン店となっている企業も、多くはたった1店舗から始まっている。フローによる所得を大きくするには、このように事業化し、他人の力を活用することがもっとも効率がよい。

しかし事業の規模が大きくなると、今度は別の儲け方が見えてくる。収益を上げている事業そのものを資産として売却するというやり方である。実は、この方法がもっとも効率よく、そして大きな金額の富を短期間で作る最良の方法なのである。

世の中には、「超」のつく富裕層と呼ばれる人がいるが、彼らの資産のほとんどはこの方法で形成されている。このやり方はフローを稼ぐのではなく、ストックの価値を上げるという考え方である。

企業の売り買いにおいて値段が決まるメカニズム

たとえば、1店舗の売上げが年間3000万円で、利益率が10%というビジネスを考えてみよう。ビジネスがうまく消費者のニーズに合致し、100店舗の展開に成功したとする。単純計算すると、全体の売上高は3000万円×100店舗で30億円ということになる。利益率は30億円×10%で3億円である。

この会社のオーナーになっていれば、自分は何もしなくても、年間3億円が入ってくる計算になる。税金を差し引くと約1億5000万円になるが、フローとしてはそれでも相当な金額と考えてよい。

だが、この会社はだれか他人に売却することもできる。そうすれば、極めて大きな金額を一瞬にして手にすることができるのだ。では、その値段はいくらが妥当だろうか？

この会社のオーナーになれば、年間3億円がタダで手に入る。そのような会社を3億円で手放す人はいるだろうか？　いないはずである。3億円が毎年得られるのに、それを3億円で売ってしまうバカはいない。

では、10倍の30億円ならどうだろうか。1年の利益が3億円なので、30億円ということは10年分の利益である。もしそのビジネスが20年も30年も続くものであれば、それでも手放したくないかもしれない。だが10年後はどうなっているかわからないし、手っ取り早く30億円のお金が手に入るなら、売ってもよいと考える人は一定数いるだろう。

さらに金額を上げて、100倍の300億円ならどうだろうか。これは1年間の利益の100倍なので、利益100年分である。さすがにこの金額になると、これを買うという人はいなくなる。普通に考えて100年後などどうなっているかわからない。買った金額を回収できるかわからないものにお金を出す人はいないだろう。

すこし回りくどい説明をしたが、企業の売買というのは、こうしたメカニズムで価格が決まってくる。売り手と買い手の利害が一致した値段が妥当な金額なので、いくらが正しいとはいえないが、一般的には10年から15年分の利益に相当する金額で売却されることが多い。

このようにして、事業の売却に成功すると、短期間でその会社の利益の10年から15年分の利益を手にすることができる。しかも、そこにかかる税金は、株式会社の形態であれば、キャピタルゲイン課税だけなのでわずか20％である。フローによる所得の半分以下の税金で、10年分、15年分の金額を手にすることができるのだ。フローによる資産の形成と、ストックの売却による資産形成に天と地ほどの違いがあることがわかるだろう。

こうしたやり取りを小分けにしたのが株式市場

株式市場というのは、実はこうした会社の売買を小分けにするための仕組みである。株式市場に上場すると、会社の株式の一部を、不特定多数の投資家に市場を通じて販売することになる。先ほどのケースは、事業オーナーが全部の株式をまとめて、ひとりの相手に売却するという形だが、株式市場への上場は、株式の一部を不特定多数に売却しているだけである。

楽天の三木谷社長やソフトバンクの孫社長が、数千億円という資産規模になるのは、自分の会社の株式を市場を通じて売却できる立場にいるからである。

株式投資をしたことがある人なら聞いたことがあると思うが、株価の割高、割安を評価する指標のひとつにＰＥＲ（株価収益率）と呼ばれるものがある。これは株価が今年の利益の何倍になっているのかを示しているものであり、先ほど説明した何年先までの利益で売るのかという話とまったく同じ中身である。

ＰＥＲが10倍の銘柄というのは、現在の株価で計算したその会社の事業価値が、今年の利益の10倍になっているという意味である。つまり、その会社を丸ごと買収した場合、投資金額の回収に10年かかるということである。

先ほど、利益から投資金額を回収するのに１００年かかるという値段で会社を買うバカはいないと書いた。これはＰＥＲに当てはめれば、１００倍ということになるのだが、株式市場にはこうした銘柄が無数に存在している。いわゆるネット企業にこうしたケースが多い。

では、１００年経たないと投資金額を回収できないような値段で株を買う投資家はバカなのだろうか？　必ずしもそうとは限らない。ある条件が整えば、投資金額の回収に１００年かかると思われる案件でも、十分に売買が成立するのである。

ネット企業の高い株価が妥当性を持つ本当の理由

通常であれば、100年経過しないと投資金額を回収できないビジネスを買う人はいない。だが、この条件が成立するケースがひとつだけある。それは、ビジネスから得られる利益が今後、倍々ゲームで増加すると予想されるときである。

利益が倍々ゲームで増えるとしたら？

先ほど、年間の売上高が30億円、利益が3億円のビジネスを例にあげた。この会社を300億円で買収してしまうと、利益から投資金額を回収するのに100年かかってしまう。しかし、この会社の利益が、来年は5億円、再来年は10億円、その次は20億円だったらどうだろうか。このペースで利益の増加が続いていけば、数年で投資金額を回収できてしまう計算になる。

実際にこのようなペースで利益が増加するということはあまりない。だが、ネット系の企業の場合には話は別である。当初は利益がほとんど出ていなくても、市場でのトップシェアを獲得してしまえば、利益が毎年２倍になるという成長が場合によっては可能となるからだ。

一部のネット系企業にこうしたケタ外れの値段がつくのは、将来、劇的な利益成長があるかもしれないと多くの人が「期待」しているからである。ここで重要なことは「期待」が大きいことである。実際にどうなるかはともかく、多くの人が大きい「期待」を持つことが大事なのである。そうすれば、極めて高い価格も正当性を持ってくる。

一部の人は、こうした値段の付き方をバブルだと批判する。だがこうした批判は必ずしも合理的なものではない。

自動車がまだどれだけ普及するのかわからなかった１９２０年代、米ＧＭ（ゼネラルモーターズ）の株価は２００倍に高騰した。同じように日本でも自動車ブームが期待された１９６０年代、トヨタ自動車の株価は65倍にもなっている。

当時の人は、こうした株価を見てバブルだと批判していたが、歴史をみればそうではなかったことがわかる。自動車は当時では予想もつかないほどに普及し、現在の株価は、バブルと思われた当時の株価など問題にならないくらいの価格に高騰している。だが、今、トヨタやＧＭの株価を見て、根拠のない異常な株価だと批判する人はいない。

つまり、新しいテクノロジーは常に大きい期待が寄せられ、同時に批判もされる。だが最終的にそのテクノロジーが開花すれば、高い価格もやがて正当化されてくるのだ。驚異的なスピードの富の形成は、いつの時代もこのような形で実現している。

現代社会が「資本主義」と呼ばれる理由

こうした形で大きな富を得る最短距離は、将来に対する期待値の高い事業を自分で立ち上げてしまうことである。例として取り上げたソフトバンクの孫社長や楽天の三木谷社長、ライブドア創業者のホリエモンなどは、皆、この方法で巨万の富を築いた。彼らは社長としての給料でお金持ちになったわけではない。自分の会社の株式を市場で高く売ったことが、富の源泉になっている。

だが、これまでの時代は、会社を自由に株式市場で売買したり、M&Aの市場で売却するためには、会社をそれなりの規模に成長させる必要があった。

三木谷氏やホリエモンが創業から株式を上場するまでには、数年の歳月を必要としている。従来型ビジネスで起業した前の世代の起業家に比べれば、富を形成するまでの時間はかなり短くなっているが、数年という時間はやはり結構な長さである。

ひとつの事業を「お金」という「富」に変えるまでに時間が必要なのは、ビジネスリソースを獲得するのに手間がかかるからである。

楽天の中核事業であった電子商取引サイト「楽天市場」は開設してすぐに軌道に乗った

わけではない。三木谷氏は、起業に際して支援してくれたCCC（カルチュア・コンビニエンス・クラブ）の増田宗昭氏からコンサル案件を受注し、しばらくの間、その収益で社員に給料を支払い、楽天市場の開発を続けていた。当時はネットのインフラが今のように豊富ではなく、システムの構築にもそれなりの時間とお金が必要だったからである。

インターネット上のリサーチ大手マクロミル創業者の杉本哲哉氏も、創業時にはリクルートの退職金と貯蓄をすべて会社につぎ込んで事業をスタートさせている。しかし数千万円を投じたシステム開発はうまくいかず、開発を依頼した会社の取締役に泣きつき、出世払いにしてもらうという荒技を使ってピンチをくぐり抜けた。

前の世代の実業家となると、状況はさらにシビアである。

ひとつの店舗を立ち上げるためには、大きさにもよるが、最低でも数百万円、一般的には1000万円以上の初期投資が必要となる。メーカーとして何かを作ろうと思ったら、試作品や金型の発注などで、やはり1000万円単位のお金がすぐに必要となる。

1000万円以上の資金をポンと用意できる起業家などそうそういない。自己資金に加えて、銀行などから借り入れをする起業家も多く、事業が失敗して資金を返済できなくなり、自己破産するケースが少なくなかった。

こうしたリスクの高い資金を融資ではなく、投資で提供する役割を担っているのが、ベンチャーキャピタルと呼ばれる投資ファンドである。ベンチャーキャピタルからの出資であれば、仮に失敗しても起業家が借金地獄に陥ることはない。だがベンチャーキャピタルは、うまくいくのかわからない事業に大金を投じることが求められる。このため多くのVCは、成功したときのリターンが極めて大きくなるよう、起業家に対しては厳しい目標を課すことが普通である。

これまでの時代は、お金を得るためには、まずはお金が必要だった。どんなに優れたアイデアや起業家の能力も、一定量の資金がないとそれを具現化することができなかったのである。

お金＝資本があってすべてがスタートするわけであり、そうであればこそ、このような経済システムには「資本主義」という名前が付けられていた。お金は資本主義社会の主役であり、資本を握っている投資家は非常に強い立場だった。

非常に皮肉な話だが、大きな資本を手にするためには、最初から資本とうまく付き合う必要があったのである。

ピケティ理論はやがて成立しなくなる

「資本」の持つパワーを歴史的視点で明らかにしたのが、フランスの経済学者トマ・ピケティ氏である。世界中でベストセラーとなった『21世紀の資本』を読むと、資本が持つパワーの大きさがよく理解できる。

ピケティ理論を実際に検証してみると

『21世紀の資本』がこれほどの話題になったのは、ピケティが膨大な歴史データを駆使して、富を持つ人とそうでない人との格差が拡大しているという事実を明らかにしたからである。

ピケティ理論のエッセンスとなっているのは、r＞gの法則と呼ばれているものである。ピケティ氏によると、歴史的にいつの時代も、資産の収益率（r）が所得の伸び（g）を上回っており、これによって富を持つ人とそうでない人の格差が拡大しているという。

彼は、今後、世界経済の成長率鈍化により、格差拡大がさらに顕著になると予想している。ピケティ氏が説明する通り、資産を持っている人は、その資産を運用することでさらに富を増やすことができる。

たとえば3億円の資金を持つ人であれば、債券や株式に投資することによって、年間で1000万〜1800万円程度の収入を得ることが可能だ（一般的な債券の期待リターンは3・5％、株式の期待リターンは6％程度といわれる）。

これは、世間でいうところの不労所得であり、自身が働いて得た収入とは別のものである。資産の保有者は、お金を減らすことなく、毎年、資産が生み出すお金で資産を増やせる仕組みになっている。これはストックから毎年得られるフローの収入ということになる。

これに対して、一般的なビジネスマンは、基本的に自分が働いて給料をもらうしかお金を稼ぐ方法がない。

長期的に見れば、労働者が受け取る所得の増加は経済成長率とほぼ比例しており、経済成長率を大きく超えて増えることはない。資産運用から得られる利回りが、所得の増加率を上回っている場合には、資産家とそうでない人の格差が拡大するという理屈が成立することになる。

働いた対価として得られる給料は、まさにフローの典型である。フローという形で大きな富を得られないのは、いつの時代も同じことのようである。

ピケティ氏はマクロ経済のデータから資産の収益率を計算しているが、筆者も独自に、過去１００年間に日本における株式や債券の利回りや値上がり率などから簡易的に資産の収益率を計算してみた。

得られた結論はピケティと同じで、いつの時代においても、所得の伸びを資産の収益率が上回っており、唯一の例外はバブル崩壊後の失われた20年だけであった。デフレ下の日本は、幸か不幸かそれほど格差が拡大しなかった時代だったということがわかる（現在、日本で進んでいる格差拡大は、貧困率の上昇に代表されるように、どちらかというと下方向への拡大である）。だが今後、資産価格がさらに上昇すれば、資産を持つ人とそうでない人の格差は一気に広がっていくはずだ。

資産を持つ人が株式や債券を通じて投資した資金は、金融機関などを通じて、最終的には、事業資金として活用される。先ほど、従来型社会ではビジネスを立ち上げるために多額の資金が必要であると述べた。それは大規模な工場や鉄道といったインフラだけにとどまるものではなく、ラーメン店や焼き肉店のオープン、ＥＣサイトの構築も同じである。

資本家が提供した資金があってはじめて起業家も事業を立ち上げることができる。そして、厳しい条件をくぐり抜け、成功した起業家だけが、次の世代の資本家として資金を出す側に回ることができる。これが従来型資本主義の冷徹なルールであった。

シェアリングエコノミーで資本が不要に

ところが新しい資本の時代においては、「お金」の果たす役割が相対的に低下してくる。最近の起業家が、新しい事業をスタートするにあたって必要とする初期投資額は、おそらく20年前の数十分の一になっている可能性が高い。ほとんどのビジネスリソースがネットを使って安価に調達できるため、起業家は初期投資額を最小限に抑えることが可能となっているからだ。

これは大規模なシステムを使ったスケールの大きいビジネスでも同じである。このところ情報システムの世界では、自社内にサーバーを設置せず、アマゾンが提供するクラウドサービスに、システムを丸ごと移管するケースが急増している。

こうしたクラウドサービスは、システムが必要とする処理能力を、即時に、そして柔軟に設定できる。たとえば、最初は安い金額で従来のサーバー1台分の処理能力を購入し、テスト的にウェブサイトを立ち上げてみる。もし急激にサイトの人気が上昇し、アクセスが殺到する状況になれば、すぐに追加料金を払って、サーバー50台分の能力まで増強するといったことが可能となっているのだ。

最近は大企業においても、小規模な新しいサービスを無数に立ち上げ、生き残ったものだけを継続させるというやり方が当たり前になっている。こうした時代においては、お金と時間をかけて、自社専用のシステムを作るという行為はコスト的に割が合わないのだ。

そうなってくると、システムに対する投資はアマゾンのような事業者に集中することになるため、投資効率が圧倒的に高くなる。経済全体において必要される初期投資額は大幅に減ってくるだろう。

こうした動きは、情報システムのようなバーチャルな世界だけにとどまらない。最近は、あらゆるモノやサービスを共有する、シェアリングエコノミーが急成長している。多額の初期投資が必要であった工場や車両、建物などに至っても、必要に応じて調達することが可能となるだろう。

ＩＴを使って、世の中に必要なものを、究極的なレベルまでシェアすることになれば、従来、必要と思われていたインフラ投資の過半数が無駄なものになってしまうかもしれない。さらに言えば、多くのビジネスで初期投資が不要ということになれば、これまで資本家が持っていたパワーすら変化する可能性がある。

資本主義の主役であり、市場の中で圧倒的なパワーを持っていた資本の持つ力が、相対的に低下するのである。これは、資本主義が登場してから、初めての現象となるかもしれない。

GDPから資本主義を考える

経済活動において資本が果たす役割というものを、数字を使ってもう少し具体的に考えてみよう。経済活動の規模をもっとも端的に表すのはGDP（国内総生産）なので、まずはGDPの仕組みをごく簡単に説明する。少々話がややこしいので、面倒であれば読み飛ばしてもらっても構わないが、GDPの仕組みを知っておいたほうが、資本のメカニズムは理解しやすい。

GDPの中身は、人の労働とお金の労働に分類される

GDPの定義について教科書的に書くと、「ある一定期間に日本国内で生産された最終的な財・サービスの付加価値の総額」ということになる。1年間に日本国内で売買された製品やサービスの総額というイメージを持つかもしれないが、ちょっと違う。付加価値と表現するのは、製品やサービスの販売には、仕入れというものが必要であり、顧客が支払

うお金の中には、仕入れにかかった分も含まれているからである。

ここに、価格が１０００円のランチがあると仮定しよう。顧客が支払った１０００円はすべてお店のものになるわけではない。

このレストランは、ランチの食材を仕入れるために、５００円程度のお金を食材会社に支払っている。このレストランが生み出した本当の価値は、ランチの価格から食材分を引いた５００円ということになる（ここでは話を簡単にするためその他の経費は考えない）。

５００円で食材を提供した食材会社は、今度は農家から２００円で野菜や肉を仕入れていたとする。そうなると、食材会社は、販売代金の５００円から農家への支払い２００円を差し引いた３００円の付加価値を生み出したことになる。

農家は、どこからも仕入れず、ゼロから商品を生み出しているので（肥料やトラクターの燃料代などはここでは無視する）、農家が生み出した付加価値は２００円である。最終的に、農家が生み出した２００円、食材会社が生み出した３００円、そしてレストランが生み出した５００円をすべて足し合わせた１０００円が付加価値の合計ということになる。

レストランの１０００円、食材会社の５００円、農家の３００円をすべて足してしまうと、仕入れにかかった費用について、何重にもカウントしてしまい、経済規模が水増しされてしまう。このため、ＧＤＰの計算では、事業者が生み出した付加価値だけを合計するというルールになっており、ここで合計した１０００円がＧＤＰである。

経済学の教科書には必ず書いてあるが、ＧＤＰには三面等価という原則があり、生産面、支出面、分配面の数字はすべて一致することになっている。今、説明してきた1000円という数字はGDPの生産面を示している。

この例では、最終商品として消費者に販売されているのは、ランチ代1000円のみなので、消費者が支払った金額（支出面）も1000円ということになる。

さらにもうひとつ重要な概念となっているのが、分配である。

経済成長というものは、投入した資本の額と、投入した人の数でおおよそ決まってしまうことが知られている。簡単に言ってしまうと、より多くのお金を投じて、たくさんの人が働けば経済は成長することになる。

お金を擬人化すると、お金が働いた分と、人が働いた分によって経済が成長するという解釈が成立する。労働には対価が必要なので人の労働には「賃金」が支払われる。一方、お金の労働に対しては「利子や配当」が支払われることになる。

これがGDPを分配面から見たときの分類ということになる。労働の対価（賃金）は先ほどの一般的なフロー所得に、資本の対価は、ストックから得られる所得ということになる。

資本の蓄積には大事な意味があった

もう少し具体的に、先ほどのレストランの例で考えてみよう。

レストランには、ランチの代金1000円から食材分を差し引いた500円が、とりあえずの利益として残っている。ここで働く従業員には、この中から300円を報酬として支払う。

一方、食材会社は、とりあえずの利益300円の全額を労働者に支払う。農家については、販売代金200円が丸々利益なので、農家の従事者の報酬は200円である。最終的に、農家の200円、食材会社の300円、レストランの300円の合計800円が労働者の報酬だ。

ここで最後まで余っているのが、レストランの利益200円である。この金額は、レストランを開店するために出資してくれた投資家に対して、配当を支払うためのものである。全額を配当に回したのだと仮定すると、資本の報酬は200円ということになる。報酬として分配された金額をすべて足すと、やはり1000円となり、生産面や支出面の金額と一致する。

通常、レストランを1軒開店するには、最低でも1000万円、通常は2000万円程度のお金がかかる。これを出資してくれた人には、利益の中から配当といった形でお返しをしなければならない。お金を人と見立てれば、それは資本の提供に対する対価としての配当ということになる。

このレストランのケースでもわかるように、ビジネスのスタートには「お金」が必要であり、提供してくれた資本に対しては労働者と同様に報酬が発生する。したがって、経済全体での報酬も、人に対する報酬と資本に対する報酬の2つが存在することになる。つまり、資本主義社会において、初期段階で必要となる「資本」は大事な存在なのである。最初のお金がなければ何も始まらないからこそ、この社会は資本主義と呼ばれており、資本はその舞台の主役となっている。ピケティ氏によれば、この資本の部分を、お金持ちの人が独占しているため、格差が拡大すると主張しているのだ。

この話を日本全体に、そして具体的な数字で置き換えてみよう。

日本の2013年のGDPは約480兆円で、このうち、所得となっているのは約350兆円であった。350兆円のうち、労働者に仕事の対価として支払われたのは約250兆円（雇用者報酬）、資本に対する対価として支払われたのは約100兆円であった（営業余剰）。資本の総額（国富）は約3000兆円あるので、投資利回りは約3・3％である。

生産のために資金が投じられ、その結果として資産になっているものが約3000兆円も存在している。この中には工場や橋、道路など様々なものが含まれている。途上国は豊富な資金がないため、こうした投資を積極的に行うことができず、先進国のような豊かさを享受できない。個人でも国家でも、分厚い資本を持っていることは圧倒的に有利なことだったのである。

だから、もう「お金」は必要ない

「資本」を持っている人が圧倒的に有利という、過去何百年も続いてきた資本主義のルールが、シェアリングエコノミーの到来によって変わろうとしている。

多くのビジネスリソースを安価に調達できる環境が整ったことで、アイデアさえあればだれでも事業をスタートできるようになった。これからは複数の仕事や事業を掛け持ちすることがごく当たり前の光景となるだろう。

資金調達から解放される夢のような世界

ちょっとしたアイデアをベースに、ネット上でサービスを次々に立ち上げるシリアル・アントレプレナー（連続起業家）たちは、事業の立ち上げに際してほとんどお金を使っていない。せいぜい自分の年収分くらいの資金があれば十分である。

自分が住んでいる家をＡｉｒｂｎｂで貸し出している人の初期投資額はゼロだし、ウーバーに登録して自分の車をタクシー代わりにした人も、やはり余分なお金はかけていない。多くの人が追加資金なしで新しいビジネスを始められるのだ。先ほどの例で考えれば、初期投資額ゼロでレストランを開業したようなものである。これは2つの意味でちょっとした革命である。

ひとつは、資金調達というもっとも面倒な仕事に煩わされずにすむため、起業の効率が格段に向上することである。その結果、副業のハードルが一気に下がることになるだろう。

ゼロから事業を立ち上げる起業家にとって、資金調達ほど面倒な仕事はない。お金を出すほうは、そうそう簡単にはイエスとは言わない。自分のプランを必死に説明し、何度も何度もぶしつけな質問をされながらもそれに対応し、交渉に交渉を重ねて投資家から出資を取り付ける。筆者自身、起業の経験があるので、資金調達の大変さは実感としてよくわかる。

銀行からの融資は、そこまでのプランは求められないものの、今度は担保などを要求されてしまう。お金がないから融資を依頼しているのに、事実上、お金を工面するように求められてしまうのだ。

外部から資金調達を行う起業家の場合、ビジネスの立ち上げ時には、時間と労力の8割をお金の問題につぎ込んでいるはずである。この部分を本業に回すことができれば、どれだけスムーズに事業を立ち上げることができるだろうか。

新しい資本の時代には、お金をかけず、自分の身ひとつで事業をスタートできる。ダメでも、また別な形でチャレンジすればよいので、成功の確率も上がってくるはずだ。すべての時間を事業に費やせない副業の起業家にとっては最高の環境といってよいだろう。

もうひとつの革命は、経済全体として資本の役割が低下することである。

先ほどは、マクロ経済の中で、資本というものがどれだけ大きな役割を果たしているのかについて解説した。大きな初期投資を必要としないビジネスが増えてくれば、社会全体として必要な投資額は減ってくることになる。新しいネット時代においては、資本もしくは資本家の役割は相対的に低下するかもしれない。

そうなってくると、経済全体としてのお金の動きが大きく変わってくる可能性があるのだ。

市場はすでに、この状況を織り込み始めている

今、グローバル経済の分野では、慢性的な低金利にどう対処したらよいのか、様々な議論が行われている。

長期金利は、最終的にはその経済圏の成長率と同じ水準に収束してくることが知られている。全世界的に金利が低い状態が続いているということは、市場は、世界経済についてあまり成長しないと予想していることになる。だが、金利というのは、それだけの要因で決まるものではない。金利はお金を貸し借りする時の利子であり、お金が余っている時に

は低くなり、お金が足りない時には高くなるという性質もある。

この原稿を書いている時点において、アメリカを除く各国は量的緩和策を継続しており、世の中は大量のマネーで溢れかえっている。これが低金利に拍車をかけている可能性は高い。しかし、各国の金利があまり上がらないのはそれだけが原因ではないかもしれない。

市場は、近い将来、それほど多くの資本を必要としなくなる社会が到来することを察知しており、すでにそれを織り込み始めているかもしれないのだ。投資額の減少によって資本が余ることが予想され、それが低金利を引き起こしている可能性がある。

世界的な貿易の動向にも少し異変が生じている。

基本的に全世界のＧＤＰ（国内総生産）と貿易量（各国の輸出と輸入の総額）は比例しているのだが、このところＧＤＰの成長率に対して、貿易量が相対的に減少している。過去にも同じような局面が何度かあったので、大した意味はない可能性もある。

だが、先ほどの投資減少と低金利に関する話題と同様、同じ経済規模を維持するのに従来のような物的資源を必要としなくなっており、これが貿易量の相対的な低下につながっている可能性は否定できない。

経済活動を維持するのに必要となる資本の額が減少すれば、短期的には経済にとってマイナスである。設備投資の金額が減少し、その結果、国民所得も減少する。所得が減少すれば、ＧＤＰの成長率も伸び悩むことになる。

だが長期的にはまた別の変化が生じる可能性もある。

同じことをより少ない設備で実施できるのであれば、従来の設備の維持に従事していた人材が余剰となる。余った人材は別な産業にシフトすることになり、従来にはなかった製品やサービスがたくさん登場する可能性が見えてくる。画期的な製品やサービスの登場によって、最終的には消費が喚起され、経済規模は再び拡大に向かうかもしれない。

もしこの効果が本物なのであれば、無数の個人がプチ事業家として振る舞うことのインパクトは、想像以上に大きなものとなるだろう。

経済学者やエコノミストの中には、全世界的な低金利傾向や成長率の鈍化への対策として、規模の大きい公共事業を復活させるべきと主張する人もいる。

だが、低金利が構造的な問題に起因するものなのだとすると、従来型の需要に働きかける政策はあまり効果を発揮せず、むしろ新サービスの登場を促す政策を実施したほうが効果的かもしれない。この仮説が正しいかどうかはっきりするのは、そう遠い将来のことではないはずだ。

学歴や序列さえも無意味な「新しい平等な社会」へ

もし新しいネット時代の到来が、資本主義のメカニズムにも影響を与えるものだとすると、社会における権力構造にも影響が出てくるかもしれない。

資本主義の世界では、資本の提供という役割を担っている資本家の立場は非常に強い。特に、あらゆる産業に対して資金を融通する銀行の影響力は絶大である。日本は規制が強く、他の先進国に比べると銀行が過剰に保護されているので、その傾向はさらに顕著である。

先ほどは、事業をスタートさせるにあたり、資金調達のために労力のほとんどを割かれてしまうという現実について説明した。また事業をスタートさせた後も、基本的には借金の返済義務から解放されることはなく、銀行の影響力行使は続く。

極端な話をすれば、日本では銀行から認められた事業しか、立ち上げることができないと考えてもよい。銀行は基本的にお金を貸すことが仕事なので、余分なリスクは取りたくない。有望だがリスクが高いというビジネスが立ち上がりにくいのは、こうした理由もある。

この図式は大企業になっても同じである。事業が軌道に乗り、大きな企業に成長したあとも、やはり資金を握る銀行の影響力は強い。経営危機を起こしたシャープはすでに実質的に銀行の支配下にあるし、不正会計問題で揺れた東芝も、銀行管理が囁かれている。

銀行は資本という圧倒的なパワーを背景に、企業の活動を事実上左右することができるわけだが、この仕組みを１００％利用し尽くしているのが中央銀行制度である。

日本の中央銀行である日本銀行（日銀）は、現在、量的緩和策を実施しており、市場に大量のマネーを供給している。新聞ではこのように記述されるので、日銀が市場にお金をばらまいているように見えるのだが、実際は少し異なっている。

日銀が国債を買い取っているのは主に銀行からであり、これは銀行が日銀に開設した当座預金の残高を増やしているに過ぎない。量的緩和策に関連して、マネタリーベースという言葉を聞いたことがある人も多いと思うが、マネタリーベースとは、主に日銀が金融機関に提供したマネーの金額を指している。

つまり日銀は、基本的に銀行に対してしか、資金の出し入れをしない。銀行は企業や個人の活動の多くをコントロールすることができる立場にあり、日銀が市場をコントロールしようと思えば、銀行をコントロールするだけで十分なのだ。

中央銀行制度というのは、銀行を通じてしか、通貨の調整をしないというシステムであり、これが経済を支配する力の源泉となっている。

銀行による産業界のコントロールが、経済構造の変化で弱まるということになると、日銀が持つパワーもまた変化することになる。長い目で見れば、政府の経済政策にも大きな影響を与えることになるかもしれない。

コネがなくても大丈夫

こうした動きは個人と個人の間でも同じことである。

たまたま顕在化していないだけで、人は多くの才能を持っている。子育てひとつとっても、赤ちゃんのあやし方が天才的に上手い人は一定数存在するし、ビジネスの世界でも、プレゼンテーションが上手な人、セールストークが得意な人、デザインが上手な人など、様々な能力が溢れている。

しかし、才能をお金に換えるためには、相当なビジネスインフラが必要であった。巨額なコストをカバーするためには、一定数以上の集客が必須であり、それに合致する体制ということになると、相応の資金力が求められる。

これまでは、才能を生かそうと思った場合、資金を持っている人、豊富なコネを持っている人が圧倒的に有利であった。才能はあるが、資金やコネといったビジネスリソースに恵まれていない人よりも、才能はあまりないが、ビジネスリソースをたくさん持っている人のほうが世に出やすかったわけである。

人にものを教えてお金を稼げる人がごく少数に限られていたのは、こうしたメカニズムによって、教えるという行為と権威、そしてお金が密接に結びついていたからである。

だが、秩序の変化にともない、こうした力関係も変わってくる。

ネットのインフラを使って、自身の持つノウハウをお金に換えるプチ起業家が、今後、急激な勢いで増えてくるだろう。ネット上で集客を行い、ネット上で集まる場所を探し、ネット上で事前決済をすれば、極めて安価に、個人レッスンのビジネスを構築することができる。

やらない言い訳が通用しない厳しい世界

だが、この新しい平等な社会は、甘えを許さない厳しい世界でもある。今までは、仮に成果が出ていなくても、自分はチャンスに恵まれなかっただけだという言い訳ができた。

だが新しい資本の時代は、だれでもあらゆるビジネスインフラにアクセスできる。これは、ほぼすべての人が平等に機会を与えられるということを意味しており、行動しないことに対する言い訳は通用しない。これまでは、資金やネットワークにおいて、持つ者と持たざる者の格差が生じていたが、これからは、アイデアや知識、そして行動力について、持つ者と持たざる者の格差が生じることになるだろう。

ゲーム開発企業であるグリーが、入社試験の代わりに、ネット上でプログラムを作成する課題を出して話題になったことがある。入社志望者は、リクエストに沿ったプログラムを自分で開発し、同社に送って評価してもらうという仕組みである。

当時は、この採用方法について、プログラミングという特殊な仕事だから実現可能と思われていた。しかし、これからは違う。ネット上で公開された課題をこなし、成果物を納入して入社の是非を決める試験はあらゆる分野に及んでくるかもしれない。

これまでの入社試験はあくまで「入社したら仕事ができるだろう」というポテンシャル評価でしかなかった。だがこの試験は、実際にできたかどうかしか問われない。日本はこれまで学歴社会と言われてきたが、従来の学歴採用は典型的なポテンシャル採用だったのである。

新しい時代には学歴の意味すら変わってしまうかもしれないのだ。

講師業は だれにでもできる

ハードルが高いと皆が思っていることほど、実は参入が容易だったりする。講師業はその典型かもしれない。

コンサルタントやインストラクターなど、いわゆる講師業はうまくやれば非常に効率的にお金を儲けられるビジネスだ。自分が使える時間分しか稼げないという欠点はあるが、仕入れが必要なく、比較的高い単価を設定できるので、リスクが少なく、利益が大きい。

講師業は、特殊な能力や経歴が必要であり、だれにでもできるものではないと皆が思っている。だが、新しい資本の時代にこの法則は当てはまらない。

何も高名なコンサルタントになる必要はない。人にはないちょっとした知恵を持っていれば、十分にコンサルタントや講師になる資格があるのだ。そして、ネットのインフラを使えば、簡単に集客ができ、会場も格安で確保することができる。場合によってはネットだけを使って非対面に徹してもよいだろう。

地下鉄で、混雑を避け、もっとも早く地上に出るには、列車のどこに乗り、ホームのどの位置で降りればよいのか？　こんなことでもとことんまで追求していれば、十分にビジネスになる。人がほしいと思う情報を持っていれば、先生になることは意外と簡単なのだ。

V

情報を制する者がお金を制する

「頭がいい」の意味を問い直す

稼ぎ方のルールが変わると、それにともなって、「頭がいい人」の定義も変わってくるだろう。つまり「知」の定義が変化するのだ。これまでの「知」のあり方にこだわっていた人は、時代に追いつけなくなり、やがては稼げない人に変貌してしまうかもしれない。

知識がある人から枠組みが理解できる人へ

これまでの時代は、たくさんの知識を持っている人が、頭がいい人と思われてきた。特定の分野に関する既存の知識を、どれだけたくさん持っているのかが問われたのである。学校の勉強がよくできた人がエリートとして高く評価されるという仕組みも、基本的にはこうした考え方の延長線上にある。

しかし、新しい資本の時代において、こうした知識はあまり重要視されない。

ネットのインフラが整備され、人工知能が普及してくると、単純な知識がもたらす価値は低くなってしまうからである。単純な知的作業はコンピュータの得意技である。むしろ、広範囲な知識を幅広く収集し、素早く体系化した上で、目的のためにうまく利用できる人が、これからの時代において、頭のいい人と呼ばれるようになるだろう。

先日、あるブログのコメント欄で、日本の貿易赤字が増えていることについて、２人が論争していた。日本の経常赤字が増えていることを憂慮する発言をしていたＡ氏に対して、Ｂ氏が経済学の知識がないと罵倒していたのである。

Ｂ氏は経済学の教科書から様々な引用を行って、経常収支が黒字なのか赤字なのかということと、国が儲かっているのかは関係ないということを力説していた。Ｂ氏が多くの引用や式などを列挙し、まくしたてるので、Ａ氏はほとんど発言できなくなってしまった。

確かに、経済学でいうところの経常収支と、いわゆる儲けの概念（赤字・黒字）は異なっており、これを混同していたＡ氏は知識不足だったかもしれない。

ただ、日本のような、これまで長年にわたって経常黒字を続けてきた国が急に経常赤字になると、それに付随して様々な問題が発生する可能性があることもまた事実である。識者の多くが、経常赤字＝良くないことというトーンで説明することが多いのは、そのためである。

このやり取りに対して別な見解を述べたのが、途中で参加したＣ氏である。

Ｃ氏は、経済学の教科書における経常赤字の定義、メディアでの使われ方、専門家による説明などをネットで探し出して比較し、Ａ氏とＢ氏では議論の枠組みが違っているので、話がかみ合っていないのではないかと指摘していた。

これまでの時代なら、教科書に書いてあることをしっかりと暗記し、それを説明することができたB氏は非常に頭のよい人と言われただろう。だが、これからの時代において、頭がよいと高く評価されるのは、むしろC氏のほうである。

確かにC氏には、経済学の教科書に基づいた豊富な知識があるわけではない。しかし、ネットを駆使し、おおよそ正しいと思われる情報を複数列挙し、それぞれの文脈がどうなっているのか短時間で分析できている。ネットには真偽不明の情報も多いが、C氏は的確に情報を取捨選択できたことになる。

価値観が多様化する現代においては、同じテーマについて、相手と同じ文脈で議論できる保証はない。意見の対立以前に、話がかみ合わないというケースが増えているのだ。

こうした社会で相手とのコミュニケーションをしっかりと保つためには、双方がどういった文脈で話をしているのか理解する能力が非常に重要となってくる。こうした能力は、教科書に書いてあることを丸暗記しただけでは身に付かない。これからの時代に求められる「知」とはまさにこのようなものである。

地頭がよい人との共通性

ビジネスの現場における評価基準も大きく変わってくるだろう。

新規事業を検討しているある部署では、新しく立ち上げようとしているプロジェクトに関する法的なリスクを検討していた。担当していた2人のレポートは正反対な内容だった。ひとりは、法学部卒で多少の法律知識があり、専門書も読んでいた。彼は法律の条文や法が適用される要件について、かなり細かいところまで調べ、それを列挙する形でレポートを作成した。ただ、法律の専門書から多くを引用したので、多くの人が、結局、何を言っているのかよくわからなかった。

もうひとりは、主にネットで情報を収集してレポートを作成した。法律の条文や解釈などを簡潔に説明した後、レポートの大部分を、類似のケースではどのような結果となったのか、今回のケースに適用するとどのようなことが発生するのかに費やしていた。

彼は法律の専門家ではなかったが、ある部分で使っている単語と別な部分で使っている単語の難易度が違いすぎないようにするなど、細かい心配りもできていた。先ほどの経済学のケースと同様、従来であれば、専門的な難しいレポートを書いた人のほうが、頭がよい人と判断されていただろう。反対に、事例中心のレポートを書いた人は、「使える人」あるいは「センスがいい人」とは思われたかもしれないが、頭のよい人という評価はされなかったはずである。

しかし、これからの時代は、こうした評価も大きく変わってくることになる。

現時点においても、これに近い評価基準がすでに浸透し始めているかもしれない。いわゆる「地頭がよい」という考え方である。

ビジネスの現場では、正しい答というものが存在しないだけでなく、問題提起もされていないケースがほとんどである。このような場合、知識偏重型の人は、どうしてよいかわからず途方に暮れてしまう。複雑な環境に放り込まれて一種のパニック状態となってしまった学歴エリートを、筆者はこれまで何人も見てきた。

このような状況において、問題解決に高い能力を発揮する人のことを、ビジネスの現場ではよく「地頭がよい」と表現している。

現在の「地頭がよい」には、単純に頭の回転が速いというニュアンスも含まれており、本書でいうところの「頭がよい」とは少し違うかもしれない。だが、新しい時代の「頭がよい」人が、今でいうところの「地頭がよい」人の延長線上にあることはほぼ間違いない。

これからは、問題を自ら提起して、不確実性が高い中でも、おおよその答を見つけられる人が、出世の最有力候補となるだろう。

グーグル検索と書籍の違い

新しい時代において「知」の定義が変わるのであれば、それにともなって、情報収集の方法も変わってくるに違いない。いつの時代も情報は富の源泉だったが、今後はその傾向がさらに強まってくるだろう。

書籍が重要だったのは、技術が未発達だったから

ネットが普及する前までは、重要な情報はすべて紙に書かれており、情報にアクセスすることそのものにかなりの労力を必要とした。したがって網羅的に情報を収集することは難しく、とりあえず、ある分野を深掘りするという形で「知」を高めていくのが一般的であった。

また一次情報は一般の人には手に入りにくく、これを入手できる人とできない人には大きな差が生じていた。一次情報を入手できる人が圧倒的に有利だったのである。

学校で学ぶという行為は、すべてこの延長線上にあるといってよい。ある期間、同じ場所に集まって集中して勉強することで、特定分野を深掘りすることができる。また学校で教える立場の人は、職業として情報の蓄積ができた人であり、最初から優位な立場に立つことが可能である。そうであるからこそ、学歴はビジネスの世界でも大きな役割を果たしてきたのである。

このような時代における、情報蓄積の主役はやはり紙の書籍であった。

書籍は、ある分野を深掘りした人が、その内容をまとめたものであり、読書とは、著者が情報収集にかけた労力を、お金を出して買う行為と言い換えることができる。世の中のことをたくさん知ろうと思ったら、まずは書籍をたくさん読むことが重要であり、そこで得た「知」を蓄積しておくためには、広いスペースまでもが必要とされた。

筆者もこれまでは知識の多くを書籍に頼ってきた。

書籍はそれほど高いものではないので、費用の面は何とかなったが、問題はスペースで、書籍の数が増えるにしたがって、保管する場所がないという悩みに直面することになった。若い頃はあまりお金がなく狭い家に住んでいた。本好きの人の多くが経験してきたことかもしれないが、狭い家の中に次々と本が重ねられ、そのうち本の重みで床が抜けるという事態になる。転居の時に、高い原状回復費用を支払うのは毎度のことであった。

かつて、渡部昇一氏が『知的生活の方法』で、本を1冊書くとかなりの数の資料を参照することになるので、本を出したタイミングで古い資料を整理するというテクニックを披露していた。本を出した後は、自分が書いた書籍を参照すればよいので、それまでに使った資料は手元に置く必要がなくなるという仕組みである。

多くの人にとっては、書籍を出版する機会はそうそうないかもしれないが、興味関心のある分野をレポートなどの形にまとめ、それをきっかけに、元になった書籍を整理することで機動的なスペースを確保する作業と考えればよい。

だが、事はそう簡単に運ばない。体系的にまとめるまでには至っていないものの、重要そうなので取っておくという本が溜まっていき、やがては家のスペースを圧迫してしまう。

基礎情報源としての書籍が持つ価値は半減した

ところが、ネットが普及し、ネットが「知」の保管庫ということになると、状況は一変する。だれもが一次情報を入手することができるようになり、理屈上、情報格差が存在しなくなった。ネット上を使えば、だれでもファクト（事実）を入手できるので、知っていることそのものの価値も大きく減少することになる。

昔のように、ただ、詳しく知っているというだけでアドバンテージを得ることは難しくなってきており、その結果として、物事を「詳しく知っている人」が、労力をかけて作った書籍の持つ価値も、やはり低下している。

書籍には、ファクト（事実）という基礎情報を得る役割と、それを集約し、意味付けするというインテリジェンスとしての役割、さらには、物事を大きな枠組みとして理解するトレーニングツールとしての役割があった。

グーグルで検索して一次情報に容易にアクセスできるということになると、書籍が持つ、基礎情報を得るという役割の重要性は相対的に低くなってくる。一方で、情報が持つ意味の解釈や、トレーニングツールとしての役割はより重要性が高くなるかもしれない。本の読み方もずいぶんと変わってくることになるのだ。

これからの時代は、基礎情報を得るという書籍の役割は低下することになるので、筆者は、引っ越しをきっかけに、本の持ち方を根本的に変えてみた。

これまでは本には複数の役割があるため、どの目的にも使えるよう、できるだけ手元に置いておきたかった。だが、基礎情報を収集するという役割はグーグル検索に取って代わられた以上、必要に応じて、参照できる形にしておくほうが効果的と判断した。

最終的には、数年かけてほぼすべての蔵書をPDF化し、クラウドに放り込んでしまった。

基礎情報を調べたい時のために、PDFと同時にOCR化も実施した。クラウドのサービスが持つ検索機能はかなりの水準になっており、PDFも全ページが対象ではないものの、単語が検索エンジンに引っかかるようになっている。

全文が検索対象でなくても、一冊の書籍の中にはターゲットとなるキーワードが何度も出てくるし、検索に慣れてくれば、いくつかの切り口で複数回実施することによって、たいていの場合、必要な情報にアクセスできるようになる。

実用上、これで問題はないはずだが、どうしても全文検索がほしいという人は、手元のパソコンで保管すればよいだろう。ウィンドウズの場合、特定のフォルダ内のファイルをすべてインデックス化すれば、高速で検索することができる。

こうして基礎情報を得る手段としての書籍は、グーグル検索と同列になった。トレーニングツールとして書籍を参照したい時は、その本を直接探し出せばよいし、情報の意味付けを参考にしたい場合も同じである。

だが、基礎情報源としての書籍は、ネット上に分散している一次情報と同様、検索でアクセスする対象と考えればよい。その意味では、特定のプラットフォームに依存してしまう電子書籍は、一長一短ということになるかもしれない。

情報をお金に換える鍵は「粒度」

基礎情報がネット上に分散していて、いつでも参照できるということになると、それらの基礎情報をどのように組み合わせ、知恵として活用するのかが問われてくる。その際に重要となるのは、情報の集め方、加工の仕方に加えて、情報の大きさを理解する能力である。

比較検討が上手な人は「粒度」を揃え、同時平行で処理する

ネット上に分散する基礎情報を活用するにあたって、もっとも重要なのは、情報の「粒度」を揃えることである。これがうまくできるかどうかで、新しい資本の時代における知的活動のレベルは決まってしまう。情報の粒度を揃える作業は、これからの時代において「稼ぐ」ための必須のスキルと考えたほうがよいだろう。

では具体的に、粒度を揃えるというのはどういうことなのだろうか。

ネット上で投資に関する情報を整理するケースを考えてみよう。

投資に関する情報といっても、対象範囲やレベルは様々である。たとえば、ＦＸに関する情報ひとつとっても「ＦＸって何？」といったレベルのものから、通貨スワップの理論を解説したものまで様々である。株式投資も同様で、概要を説明したごく簡単なものから、高度な数学を駆使したものまで多種多様だ。

以前なら、自分が面白そうだと思った分野を適当に選択し、関連書籍で勉強して知識を深め、そして実践に入っていくというプロセスが標準的であった。複数の投資を同時並行でこなすことは現実的に難しく、結果的に多くの人が、単一の投資手段で投資を行っている。不動産投資を行いながら株式も、という人は少数派なのである。

だが、これからの時代は、複数の投資手段を自由に使いこなす、マルチ投資家が増えてくるかもしれない。ネットにはあらゆる分野の情報がアップされている。それぞれの分野に垣根を作っているのは、私たちのマインドだけである。ネット上での知の組み合わせが当たり前になれば、投資のやり方も変わってくるかもしれないのだ。

新しい資本の時代においては、あえて分野を絞らないほうがよい。最初にすべての投資に関する概略情報を集め、おおよその感覚を理解してしまう。その中で自分の感覚に合っているものをいくつか選択し、口座を開いて同時平行的に投資を行ってみるのだ。

つまり、実践と情報収集、比較検討を同時に行うのである。

このような取り組み方を実現するためには、情報の集め方が非常に重要となる。もっと具体的に言うと、情報の大きさがポイントとなってくる。

たとえば、株式投資に関する初心者向けのネット情報と、プロ顔負けの不動産投資に関する情報を比較して、不動産投資に対して難解だという印象を持ってしまっては、不動産投資に対する間口を狭めてしまう。それぞれの投資がどのようなものなのか、比較検討するためには、レベル感を同じにしなければならない。

株式投資の基本を解説した株式投資情報と、銀行ローンをフル活用したアパート一棟モノの投資テクニックを解説した情報では、対象範囲やレベルが違いすぎて、比較対象としてはふさわしくない。ここでいう粒度というのは、そのような意味である。

最初にネットで情報を収集するときに、同じレベル感、同じ範囲の情報どうしを比較することができれば、適切に取捨選択ができるし、後になってから、やっぱり不動産投資をやっておけばよかったということもなくなる。

粒度をうまく揃えられるようになるには多少の経験が必要だが、常に情報のレベル感や範囲を意識してネットを使っていけば、こうしたテクニックは自然に身に付いてくるはずだ。

だれでもコンサルタントに早変わり

これは仕事に関する情報収集でも同じことである。

店舗を中心とした販売チャネルで売っていた商品をネットなど別の経路で販売できないか、プロ向けに売っていた専門的な商品を、形を変えて一般家庭向けに売ることはできないか、自社商品にキャラクタービジネスを組み合わせ、顧客を囲い込めないかなど、これからは、既存のビジネスリソースを使いつつ、時間をかけずに、新規事業を立ち上げるというケースが企業内でも増えてくるだろう。

リラクゼーションの業界では当たり前になっている考え方を飲食店が取り入れて新しいサービスを設計したり、着物など伝統的な商品を扱うお店の習慣を、若者向けのショップに取り入れるといったこともあるかもしれない。

従来型の本格的な新規事業であれば、その分野に詳しい人を新たに採用したり、コンサルタントを雇ったりすることになるだろう。

だが、あまりコストをかけずに、こうしたプロジェクトを多数立ち上げるという場合には、同じメンバーで新しいことにチャレンジしなければならない。ネット販売しか経験のなかった人が、リアルな販売網の構築を担当したり、プロ向けの商品のマーケティング担当だった人が、家庭向け商品の担当になったりする。また、これまでキャラクタービジネスに関する知見のなかった人が、それを前面に押し出した商品開発を実施するというケースもあるだろう。

ソーシャルメディアを使ったマーケティングに関する情報ひとつとっても、技術的にかなり突っ込んだ内容のものから、現実の運用まではカバーしていない概論レベルなど、様々なレベルのものが混在しているはずである。

こうしたケースでは先ほどの情報収集テクニックがモノを言うことになる。無駄な時間をかけずに、その分野の概略を理解し、どの程度の仕事まで自社でこなすのかを考える場合は、情報の粒度を揃えることが解決の早道である。粒度を揃えるスキルが身に付いていると、ネット上で収集した情報が、どの程度の難易度なのか、また、どの程度まで応用が利くものなのかといったカンが働くようになる。

お金と時間をかけて人に話を聞かなければならないのか、とりあえず自社内で試験的な運用ができるのか、ネットの情報収集だけで判断ができるようになるのだ。

実はこうした作業は、これまでコンサルタントと呼ばれる職業の人が担っていた仕事なのである。コンサルタントが優秀というイメージがあるのは、彼らは情報収集のツボを押さえており、短期間で体系的な理解ができるからである。粒度を揃えるというテクニックを覚えるだけで、実はだれでもコンサルタントに変身できるのだ。

目指すのは「漠然と正しい人」

インターネットを使った知的作業はもちろん利点だけではない。これまでとは違ったネットならではのリスクも生じてくる。間違った感覚で情報を集めてしまうと、真実とは正反対の結論を導き出してしまう。情報に対するセンスは以前よりはるかに厳しく問われることになるだろう。

大前提そのものを疑う発想が必要

今までの時代は、皆が向いている方向が同じだったので、大きな方向性については考える必要がなかった。

品質のよいものを大量生産すれば企業は儲かったし、年功序列のサラリーマン人生というのは、社会の常識であった。自分と価値観がまったく異なる人にモノやサービスを売り込む必要はなかったし、仕事を一緒にすることもなかった。

そのような無意識的な大前提があったからこそ、細かい各論の知識を深めることが重視されてきたのである。

ところが、新しい資本の時代には、大きな方向性そのものが変化してくる。このような時代においては、各論を極める以前の問題として、まずは、大きな枠組みとして間違わないということが重要な意味を持ってくる。

最近、トンネルの天井が落下したり、公共交通機関の付帯設備が故障するなど、インフラ関係のトラブルを目にする機会が増えている。個々の事例においてどのような原因があったのかについてはここでは言及しないが、こうした現象が散見されているのは事実である。

このような時には、情報に対するセンスが大きな意味を持ってくる。

従来であれば、こうしたトラブルが発生すると「管理体制はどうなっているのか」といった批判の声が上がり、もっとモラルを持たなければいけない、しっかりと管理をしなければダメだ、といった話に展開することが多かった。

実際、精神論的な対策で何とかなってきたのも事実なのだが、新しい時代においては、だれもが疑わない大前提を無条件に受け入れることは危険である。こうしたトラブルについて、モラルや管理の問題に帰結させるという発想自体が、実は時代遅れとなり、結果的に真逆の、間違った結論を導き出している可能性があるのだ。

日本社会は、このところ、大きな流れとして急速に貧しくなっている。日本国内にいると、あまり変化がないのでわからないが、数字は嘘をつかない。

その国の経済力を示す基礎的な数字はＧＤＰなのだが、日本はバブル崩壊以降、完全に横ばいの状態が続いている。つまり日本国内だけで見れば、過去20年間、豊かさには変化がなかったということになる。

だが同じ期間において、諸外国のほとんどはＧＤＰの規模を1・5倍から2倍に拡大させている。日本だけが成長をストップしてきた状態にあり、日本の経済力は比較問題として、ここ20年間で半分から3分の2に低下してしまったのである。

アメリカやヨーロッパでは、大卒新入社員の初任給が日本円で、40万円というところも珍しくない。このくらいの金額を出さないと、相応の生活ができないくらいに経済規模は拡大しているのだ。だが日本では大卒の初任給はここ20年、ほとんど変化していない。

この違いは、日本人の購買力の低下として顕在化してくる。同じ金額で買えるものの量や質が3分の2に減ってしまっているのだ。

今、日本人がスマホに月1万２０００円を使っていると仮定しよう。だが、アメリカやヨーロッパの人は、実質的には８０００円程度の感覚で済んでいることになり、それ以外の出費にもお金を回せることになる。この違いはボディーブローのように私たちの生活に響いてくる。

物事の「見立て」がビジネスを左右する

企業も含めて、日本全体で同じような状態になっているとすると、どのようなことが起こるだろうか?

お金がなくなってくると、人はまず贅沢品の支出を減らす。実際、企業はそのように行動しており、接待費や交際費はここ20年で減少の一途を辿ってきた。

次に減らす支出は、耐久消費財や固定資産である。

家庭の消費に置き換えると、自動車を買い換える期間が5年から8年に延びる。家の修理を先延ばしするといった形で毎年の支出を抑えることになる。企業であれば、本来10年ごとに大規模なメンテナンスを行う必要があったところを15年にする、5年に1回交換する機器を7年にするといった形で費用を削減していく。こうした積み重ねの結果、インフラの劣化が進み、トラブルが増えている可能性は決して否定できない。

今の日本は、社会全体としてみた場合、こうしたインフラに対する支出を削った弊害がちょうど顕在化し始めた段階とも考えられるのだ。

大きな流れとして、インフラにお金が回らない状態になっていると判断するのと、人々のモラルが下がっていると判断するのとでは、市場に対する見方は180度違ってくる。

もしインフラにお金が回っていないのだとするとそれは構造的な問題であり、既存のインフラを長持ちさせるための製品やサービス、あるいは、トラブルを事前に防ぐための検査に関するサービスなどに需要が存在することになる。場合によっては、一部のインフラが使用不能になる事態も考えておく必要があるかもしれない。企業や官庁がそうであるならば、家計も似たような状況にあると考えたほうが自然だろう。

一方、状況は何も変わっておらず、モラルの問題なのだとすると、従業員に対する教育や管理体制の強化を支援するサービスに需要が存在するという解釈になるだろう。同じインフラのトラブルといっても、両者はまるで正反対の方向を向いているわけだ。

以前の日本では、インフラがトラブルを起こすことなどほとんどなかったので、基本的な見立てをどうするのかについて考える必要がなかった。皆が同じ方向を向き、予定調和的な発想をしていれば大きく間違うことはなかったのである。

だがこれからは、インフラに関するトラブルが多いという情報を得たら、家計が苦しくなり、耐久消費財の買い換えサイクルが長くなっているのではないかという発想につなげられなければ、ビジネスチャンスはモノにできない。

新しい資本の時代においては、各論はともかくとして、まずは漠然と正しい判断ができる人が、経済的に成功することになる。

まず「大」から考える癖をつける

大きな見立てを間違えないためには、どのようにすればよいのだろうか。もっとも大事なのは情報を取り扱う順番を間違えないことである。

情報は基本的に、大きいものから小さいものへという順序で取り扱うほうがよい。小さいものから扱ってしまうと、その結果に引きずられて、全体像をつかめなくなるからである。ある物事について知ろうと思ったら、まずは大きな情報を探しておおよその全体像をつかみ、その後、個別の話に落とし込んでいく。

ニトリが「お値段以上」なのは見立てが正しいから

家具最大手ニトリは、すでに家具の販売は全体の半分以下となっており、多くが、生活雑貨といったいわゆるホームファッションの販売となっている。多くの家具メーカーが業績を悪化させる中、同社が順調に経営を続けることができたのは、家具だけでなく、こうした分野へのシフトを徐々に進めてきたからである。

だが、いずれ家具が売れなくなり、トータルコーディネートを売るようになるという同社の見立てはすでに、40年以上前から出来上がっていたという。

ニトリ創業者の似鳥昭雄社長はかつて、アメリカの住宅事情を調査し、家の中に家具が少なく、鏡や絵画、装飾品が多いという現実に驚いたという。普通なら文化の違いでやり過ごすところだが、似鳥氏は違った。日本とアメリカでは豊かさに圧倒的な違いがあり、それが日本とは異なる家具と装飾品の関係を形作っていると考えた。

アメリカと比べて豊かではない日本が、どうすれば、アメリカのような環境に近づけるのかを考え抜いた結果が、現在のニトリのラインナップだったという。商品に関する細かい戦術の前に、スケールの大きい情報があり、それを元に全体的な見立てが作られている。

バブル崩壊からデフレ、そしてアベノミクスのインフレと、市場環境が大きく変わる中、28期も連続して増収増益を実現できたのは、こうした見立てが間違っていなかったからである。

このような大きな視点は、今後、ますます重要になってくるだろう。

なぜなら、自動車や医療など、これまで大きな変化がないと思われていた業界でも、外食や家具といった業界が経験してきたパラダイムシフトが発生し、利用者のニーズが大きく変化する可能性があるからだ。

ネットインフラの発達で、現場での臨機応変な対応が容易になっているからこそ、大きな見立てが、勝敗を分ける鍵となる。

昔はとにかく緻密であれば評価された

大きな見立てが重視されることになると、日々の仕事の進め方や考え方にも変化が出てくることになる。会社内で作成する書類の書き方や、議論の進め方、あるいは人の評価基準も変わっていくだろう。

これまで、社内の書類は緻密に作成することが高く評価された。筆者は以前コンサルタントの仕事をしていたので、中期経営計画といったビジネス書類を何百、何千と作ったが、できるだけ数字を細かくして、緻密に「見せる」ことは、商売上重要なテクニックであった。

ここで筆者はテクニックと斬り捨てたが、緻密に作成することには一定の合理性もあった。従来型の市場で、従来型の製品やサービスを取り扱っている限りは、一定の事業拡大を見込むことができた。大きな数字のブレはそれほど気にする必要はなく、むしろ、細かい支出までしっかりと管理したほうが、損失を最小限に食い止めることができたのである。

だが変化の時代にはまったく異なった価値観が支配することになる。

計画した事業が、毎年10%の伸びを実現できるのか、30%の伸びが実現できるのか、逆に横ばいにしかならないのか、という大きな見立てが、とても重要となってくる。そうした状況においては、単位の細かい数字は現実的にほとんど意味がなく、やたらと緻密な計画書を作成することにも合理性がなくなってくる。

たとえば、１００億円の売上高があり、原価を引いた粗利益が30億円という事業（つまり原価率が7割）があると仮定する。この売上高が今後も大きく変わらないのであれば、その30億円の中で経費をどうやりくりするのかが重要であり、１０００万円単位の経費について、細かく計画を立てることには、それなりの意味がある。

だが、売上高が来年１２０億円や１５０億円、あるいは80億円といった具合に大きく上下にブレる可能性があるのだとすると、１０００万単位の計画はあまり意味をなさなくなってしまう。

たとえば１００億円の売上高が80億円に下がってしまうと、原価率が同じ7割だと仮定すれば、粗利益は24億円に激減してしまう。逆に売上高が１５０億円になれば、粗利益は45億円である。一気に6億円、15億円という金額が動くことになり、１０００万円単位の些末な管理をしたところでほとんど効果はないのだ。

こうした変動の激しいビジネスの場合、細かい経費の調整よりも、売上高が来年どのくらい増減するのか、あるいは実際に変動があった場合にはどう対処するのか、という大きな見立てのほうがはるかに重要であり、情報収集や分析も、この部分に特化したほうが合理的である。

こうした考え方は自然科学の世界では昔からごく当たり前のものであった。自然科学の世界には有効数字という概念があり、計算で小数点以下の細かい結果を出したとしても、元になっている数字が持つ誤差以下の数字は、数学的に無意味であると認識される。

つまり元になっている数字に大きなブレがある場合、その結果として得られる数値については、ブレの範囲内で些末な議論をしても意味がないことになる。

ビジネスの世界において、こうした発想がなかったのは、これまでは社会の変化が乏しく、とりあえず商品を出せば売れたので、大きな変動について考える必要性がなかったからである。

その結果、緻密さだけが過剰に評価されたり、各論から話が進んでいくという慣習が生まれてきたと考えられる。

こうした外部環境は人間の思考回路も大きく支配する。新しい時代においては、こうした従来型の思考回路は捨て、大きな流れから把握するクセをつけていく必要がある。

「賛同」できなくても「理解」する能力

大きな見立てを間違わないためには、情報を扱う順番を吟味することに加えて、世の中には自分と異なるパラダイムに属する情報もあるということを体で理解することも重要である。

好対照な店員の対応

以前、都内のある立ち食い蕎麦屋で、外国人観光客が立ち往生していた。「ソバ？ ウドン？」という単語だけを何度も店員に話しかけている。

おそらく、蕎麦とうどんの違いを知りたかったのだろう。だが店員はどうしてよいかわからなかったようで、困惑した笑顔をうかべてしばらくの間、突っ立っているだけであった。結局、観光客はあきらめてしまったようで、店から立ち去ってしまった。

同じような光景をアメリカでも目にしたことがある。

フードコートのチャイニーズレストランで、英語を話せない外国人観光客が、店員に身振り手振りで何か話しかけようとしている。その店は総菜を自由に選べる店だったが、その中身と値段に関することのようである。

しばらくすると店員は「OK」と言って、観光客に「10ドル」「10ドル」と話しかけている。10ドルで適当に総菜をチョイスするから任せろという意味のようである。観光客も何となく納得した様子だった。結局、複数の総菜を組み合わせて盛りつけ、観光客はその料理を楽しんでいた。お店の正式なメニューには、10ドルきっかりのセットというものは存在していない。

両者とも言葉が理解できていないので、これは言語の問題ではない。自分と異なるパラダイムに属する情報が存在していることに対する認識の違いである。

10ドルで適切な盛り合わせをしたアメリカの店員は、どのようなタイプの顧客が、どういったニーズを持って店にやってくるのかわからない、という前提に立っている。このため、普段とは違う振る舞いをする顧客に遭遇しても、落ち着いて情報収集を行い、顧客が求めているものを何となくつかみ取り、それに合わせて行動した。

10ドルの盛り合わせというメニューはないが、顧客にとっても、店にとってもそれが最善と判断した結果だろう。

一方、その場で立ち尽くしていた日本の店員は、普段接しているタイプとは異なる客がやってくることをまったく想定していない。立ち食い蕎麦屋のことをよく知っていて、黙って食券を出し、大盛りにできるかどうかを日本語で聞いてくる客しかいないと考えている。

このため、想定と異なる客に出くわして、一種のパニックを起こしてしまったのである。相手に関する情報収集がうまくいかず、相手が何を求めているのか、最後までわからずじまいであった。

同じ情報収集を行うにしても、異なるパラダイムが存在していることを前提にしているかどうかで、その結果は大きく変わってくることの好例といえよう。

賛同と理解をセットにしてはいけない

このところ社会における女性登用に関する議論が活発になっているが、これに関係して少々、興味深い出来事があった。ある政治家２人が女性蔑視とも取れる発言を行い問題になったのだが、両氏の言語空間に対する認識が非常に好対照だったのである。

ある野党の国会議員は、委員会における質疑の中で「女性は相手によってセクハラだとか、セクハラじゃないとか言ってくる」「ハグするとセクハラだと言う女性もいる一方で、自分の好みの男性からハグされるとセクハラではないと言う」などと述べ、女性への配慮を欠いた発言として批判を浴びた。九州のある県知事は、「女子に三角関数を教えて何になるのか」といった発言をして、やはり批判を浴びた。

いずれの発言も時代錯誤も甚だしいものだが、特に国会議員の発言は、あまりにも幼稚であり、これが女性登用を議論する国会における発言かと思うと頭がクラクラしてくる。それはともかく、同じような発言を行った両者だが、その基本的認識には大きな違いがある。

両者とも本音では、男性のほうが立場が上と考えており、その点では何ら違いはない。だが知事のほうは、公の場という文脈において、自身の発言は批判の対象となることを基本的に認識している。知事は指摘に対して「自分自身も使ったことがないという意味だ」として発言を撤回している。「口が滑った」というのはおそらく本当のことであろう。本音はともかく、どこが問題だったのかは認識しているようである。つまり、女性の社会進出というパラダイムは理解できていることになる。

一方、国会議員のほうはどうもそうではないようだ。出席していた参考人から出た「相手が嫌がることは基本的にしないでほしい」「何をしてほしいか、してほしくないのか聞いてほしい」といった趣旨の意見に対して、何と「そうするとハグするときも尋ねたらいいのですか？」と再度質問している。自身の発言のどこが問題視されたのか、おそらく本人は今でもよく理解していないだろう。

情報というものは、単独で中立的に存在しているとは限らない。そこには、意味付けやニュアンスというものがセットになっており、事実関係と渾然一体となっていることも多い。

数多くの情報を処理し、それをうまく組み合わせていくためには、情報の中に含まれる「ファクト（事実）」とニュアンスを切り分ける能力が必要となる。そのためには、相手の意見やメディアの記事、調査レポートといった、あらゆる情報について、その主義・主張は一旦脇に置いておき、まずファクトを切り分ける作業が必要だ。

その上で、全体の文脈としては、自分の考えとは相容れないが、そこで提示されている事実や、部分的な考え方については、必要に応じて自分にも取り入れる、という柔軟さが求められる。

知事のほうは、本音では同意していないが、社会の大きな流れや基本的な構造は理解しているので、「見立て」は合っているということになる。失言したのは本音を隠す技量が足りなかっただけである。一方、国会議員は、そもそも大きな流れを理解できていない。もしくは理解できていても、現実と自身の思いを峻別できず、それを受け入れられない状態にある。

こうしたタイプの人は、ビジネス環境の変化に対しても、おそらく同じような反応をする可能性が高い。彼は、新しい資本の時代には、稼ぐことに苦労するだろう。

2045年までに、すべての常識を捨てるべし

情報に対する認識の変化は、人工知能の普及でさらに加速すると思われる。これまで知的に高度だと思われていたことがそうではなくなり、逆に、従来はあまり社会で評価されなかった知的能力が高く評価されることになるかもしれない。

こうした話は遠い将来の出来事ではない。先進的なＩＴ企業では、人工知能がもたらす影響について、人工知能が普及した後のことも、すでに議論され始めているのだ。代表的なテーマがいわゆる「２０４５年問題」である。

全人類が束になってもかなわない

２０４５年問題とは、今のペースでコンピュータが進化を続けると、２０４５年に人工知能が全人類の能力を超えてしまうという仮説である。

半分荒唐無稽な話ではあるのだが、今後、目にする変化の本質を理解するという意味では、知っておいたほうがよい。

コンピュータの処理能力は指数関数的に増加することが知られており、これは一般的にムーアの法則と呼ばれている（厳密には処理能力ではなくトランジスタの集積数）。これは、世界最大の半導体メーカーであるインテルを創業したゴードン・ムーア氏が１９６５年に提唱したものである。当時はあまり本気にされなかったが、現実にコンピュータはムーアの法則に従って処理能力を向上させてきた。

もし、このペースが今後も維持された場合、２０４５年頃には、全人類の能力を1台のコンピュータが上回ってしまうと予測した人がいる。アメリカの著名な発明家で、現在はグーグルで人工知能の研究に携わっているレイ・カーツワイル氏である。

カーツワイル氏によると、２０４５年以降は、人工知能の能力が全人類を上回ってしまうので、人工知能が新しく考え出した知見について、人間が理解できなくなると予想している。つまり全人類が束になってかかっても、人工知能の能力には及ばなくなるという意味で、これを２０４５年問題と呼んだ。

あまりにもスケールが壮大でピンと来ないが、この理屈をごく簡単に説明すると以下のようになる。

現在、私たちが使っているパソコンのＣＰＵ（中央演算処理装置）には数億から十億個のトランジスタが集積されている。

一方、人間の脳には1000億近い神経細胞があるといわれている。神経細胞とトランジスタが同じ役割を果たすと仮定すると、コンピュータの能力が100倍程度になれば、理屈上、人間の能力と同じになるという解釈が成立する（実際の神経細胞はもう少し複雑だが）。

もし1台のコンピュータが処理できる能力が、全人類の脳ミソが持つ処理能力の総和を上回っていた場合、人間の叡智をすべて足し合わせても、コンピュータに勝てなくなる。先ほどのムーアの法則が今後も成立すると仮定し、地球の人口が100億人に増えるとした場合、2010年からムーアの法則を適用すると（ここでは簡潔に1年で処理能力が2倍になると仮定する）、40年後の2050年にはコンピュータの処理能力が100億人分の神経細胞を上回る。

つまり、1台のコンピュータが全人類の頭脳を超えることになる。カーツワイル氏が行った、さらに精緻な予測によると、それは2045年に到来するそうである。

すべてをリセットする潔さが必要

この説を受けて人類がコンピュータに支配されてしまうといったSF的な話も登場している。

米ペイパル創業者で、テスラモーターズのCEOを務めるイーロン・マスク氏は「発達した人工知能が数年以内に人を殺すようになる」と発言しているし、著名な物理学者のホーキング博士は「人工知能の進化は人類の終焉を意味する」と述べている。

人工知能がそこまでの能力を持つ可能性は今のところ低いと考えられるし、人工知能によって仕事の50％が奪われるという話も多少の誇張が入っていると思ったほうがよい。だが、こうした話はまったく気にしなくてよいのかというと、そんなことはない。

人工知能に関するこれら一連の話は、私たちの想像力というものは、思っていたよりも、かなり陳腐であるという話に置き換えて考えればよい。

たとえば、日々の何気ない会話というものは、実は人工知能で置き換えることは非常に難しい。ソフトバンクのペッパーは自然な会話をしているように見えるが、実際にはいくつかの受け答えパターンを組み合わせているだけであり、本当の意味でロボットが会話しているわけではない。

ファストフード店の店員は、世間的にはそれほど給与が高くなく、比較的単純な仕事と思われている。だが、ちょっとした注文のやり取りから簡単な調理、洗い物まで一通りこなすファストフード店のオペレーションをすべてロボットが肩代わりするのは意外と難しいのだ。

一方、医師、弁護士、会計士など、人間社会では非常に高度と思われていた分野の仕事は、実は容易に人工知能への置き換えが可能である。従来の基準で頭がよい人でなければ務まらないと思われていた仕事ほど、実は置き換えが簡単だったりする。

第3章でも触れたが、人工知能は「感性」や「情緒」といった、これまで人間だけが持っていると思われた知的領域でも、その能力を開花させる可能性がある。アートディレクターや雑誌の編集者、映像作家といった、これまでクリエイティブな才能が必要と思われていた分野の仕事のかなりの部分は人工知能が容易に取って代わるだろう。

中途半端な才能しかないクリエイターよりも、人工知能のほうが確実に消費者のニーズを捉え、適切な作品をディレクションできる可能性が高いのだ。

ここで筆者が言いたいことは、従来基準での「頭の良さ」「才能」「感性」といったものは、人工知能時代においては、一旦リセットして考える必要があるということである。

従来までの技術の発展は、私たちの生活風景を大きく変えてきた。しかし、頭の中の活動に関しては、それほど大きな変化をもたらしてはこなかった。だがネットインフラの普及と人工知能の発達は、むしろ知的活動に大きな変化をもたらす可能性が高い。どんな人間を優秀と見なすのか、その変化には敏感になっておいたほうがよいだろう。

情報は常に相手の目線で

情報というものは、だれの目線で処理するかで、その価値がまるで違ったものになる。自分が持っている情報をお金に換えられない人のほとんどは、こうした視点を持ち合わせていないことが原因である。

自分の好きなアーティストのことをブログに書いている人は多い。だが自分の「思い」だけを綴っていたのでは、著名人でない限りは、多くの人の興味を惹きつけることはない。だが、アーティストが出した作品が時系列に並び、発売日やプロデューサー名といったファクト（事実）の情報が網羅的に記載されていると、それはコンテンツとして価値が出てくる。

重要なのはファクトと網羅性だ。このアルバムはないが、このシングルは書いてある、ではダメである。漏れや抜けがあっては商品にはならないのだ。

趣味の模型工作も同じである。何を作って大変だったかを書いただけでは価値は生まれない。大変だった部分のコツがユーチューブにアップされ、解説が加われば、それは商品となる。

コンテンツが途切れるのも御法度である。可能であれば、必ず毎日新規のコンテンツをアップする。そうでないと見ている人は、いつチェックしてよいかわからない。

目線は常に「見ている人」。この原則を貫けば、情報を商品にすることはそれほど難しくない。

VI

新しい資本の時代を生き抜くために

新しい時代に取り残される、意外な人

新しい資本の時代を生き抜くために、私たちはどのようなスキルを身につける必要があるのだろうか。最終章では、今後20年の社会の変化についてあらためて整理し、新しい資本の時代に求められるものについて議論していきたい。

仕事はどんどんパーソナル化する

本書では、ネットインフラが社会の隅々まで浸透することによって、時間の使い方が根本的に変化し、それが企業と個人の関係にまで及んでくること、また、ビジネスのあり方や知のあり方が変わり、富の形成方法に影響を与えることなどについて論じてきた。これら一連の変化の中で、最も早く顕在化するのはビジネスにおける個人の役割だろう。

よく知られているように、日本は企業中心の社会であり、企業が「主」で個人は「従」であった。これには日本独特のムラ社会的な風土が大きく影響している可能性が高い。

一方で、ITインフラの普及が十分ではなかったことが、こうした状況の維持に一役買っていたのも事実である。ITデバイスの利便性が今ひとつであったことから、同じ場所に集まり、対面で仕事をしないと効率が悪くなるというのも半分は本当であった。集団で仕事をすることのメリットがまだ残っていたのである。

ところがスマートフォンの普及をきっかけとしたITインフラの進化は、こうした習慣の妥当性を一気に低下させつつある。

場所に関係なくデバイスにアクセスが可能で、しかも、複数のデバイスでの同期や情報共有が可能となった。そうした時代において、全員が同じ時間に同じオフィスに集まり、情報や意見をすりあわせながら仕事を進めていくというやり方は、非効率であることがはっきりしてきている。技術の進歩が、仕事のパーソナル化を後押ししているのだ。

ネットインフラの普及がもたらす時間短縮の効果や低コスト化の効果も見逃せない。これからはクラウドソーシングをフル活用すれば、多くのビジネスリソースがネット上で、しかも安価に調達できる。

場合によっては、従来の数分の一といった金額で業務が発注できるケースが続出しており、ここまで安くなると、人々の考え方は大きく変わってくる。

付き合いが長く、顔がよく見えている相手との取引を優先することには、これまで一定の合理性があった。新しい取引先を見つけ、1割安い金額で発注ができても、要望通りの結果にならないリスクが常につきまとっていた。わざわざ、そんなリスクを負うくらいなら、1割高くて、品質が今ひとつでも、同じ相手と付き合ったほうがよい。

だが、新しい発注先はネットでいくらでも探し出すことができ、しかも価格が半分や数分の一ということになると話は変わってくる。発注してダメだったら、またやり直せばよい。うまくいけば、以前より大幅なコストダウンが可能となる。

企業は結局のところ、お金を稼ぐために存在しており、低コストという武器には勝てない。いくら「文化」を持ち出したところで、お金の前には力を持たないだろう。

こうしたビジネス形態が発達してくると、企業が社内に多くのリソースを抱えておくメリットが薄れてくる。これからの時代における会社の仕事というのは、社外にあるリソースを管理するというニュアンスがますます強くなってくるはずだ。

しかも、こうした社外リソースの多くが、ネットを通じて調達・管理することが可能であり、社内でこの業務に携わる人は少人数で済む。必然的に仕事の進め方はよりパーソナルな方向に向かうことになる。

10年後には、1人のマネージャーに5人の部下が付くものの、全員が顔を合わせる機会は少なく、各自が仕事を進め、マネージャーに個別に報告するというスタイルが定着しているかもしれない。

「メールで送ってありますけど」では新しい時代に適応できない

こうした新しい仕事のスタイルで求められる能力は何と言っても論理性である。だが意外なことに、今よりもずっと「気配り」する能力も求められることになる。

顔を突き合わせながら、何となくコンセンサスを得て仕事を進めていくやり方であれば、説明や報告が曖昧でも何とかなった。だが、メールやメッセージングツールを使って文章で報告したり、指示を受けたりするようになると、「何となく」という曖昧さは許されなくなる。仕事の内容について文書で的確に説明し、論理的なやり取りができない人は、ネットを使った非対面時代には、使い物にならなくなってしまうだろう。

一方、顔を合わせる回数が減ってくるということになると、相手に対する配慮は今まで以上に求められることになる。

職場で日常的に顔を合わせているにもかかわらず、上司から「あの件はどうなった？」と聞かれ「メールで送ってありますけど」などと返している人をよく見かける。一見すると、デジタル時代の部下とアナログ時代の上司の違いと解釈してしまいがちだが、それは違う。

この部下のような人は、実は新しい資本の時代に生き残ることが難しいタイプだ。

自分が送ったメールを上司が読まない、あるいは時間的制約などで読めない可能性は事前に十分に予見できることである。

このケースでは、互いが顔を合わせているので、上司が声をかけるという形でコミュニケーションが成立した。しかし、顔を合わせる回数が少ない職場では、最悪の場合、部下からの連絡は上司の目に入らずに終わってしまう可能性が高い。いくら「私はメールで送りました」と自己主張したところでもう手遅れである。

上司がメールを読まない可能性を考慮し、迷惑にならない形で、再度、確認する作業を怠らない部下と、自分は送ったのだからあとは知らない、という部下では、どちらが高く評価されるのかは、火を見るより明らかだろう。デジタル時代ほど、相手に対するきめ細やかな配慮が必要とされるのだ。

社外リソースの担い手になる

本書では、会社の仕事がよりパーソナルになり、ネット上で外部のリソースを活用するケースが増えてくると述べた。こうした外部リソースの活用が上手な人や組織が、今後は大きな利益を得ていくだろう。

一方、外部リソースの活用が当たり前となれば、その担い手になる人材が大量に必要となる。他にはない特徴を打ち出すことができれば、個人であっても、こうしたリソースの提供者として、大きな稼ぎを得ることが可能となるだろう。フリーランスの働き方はこれから大きく変わっていくはずだ。

だれでも特技のひとつやふたつは持っている

従来の社会では、フリーランスの人が仕事を得るにはまず人脈が必要であった。能力を発揮する以前に、その能力を見せる場に到達することが至難の業だったのである。最大の理由は、発注者と受注者を適切にマッチングさせる機能が存在しなかったことである。

だがこうした状況は、クラウドソーシングの発達によって大きく変わろうとしている。多くの業種において、不特定多数の発注者と受注者が自由にマッチングできるようになるのは時間の問題である。そうなってくると、勝負どころは、他との競争優位性ということになる。

競争優位の代表的な考え方は、低コスト戦略である。第3章で取り上げたネット専業の印刷ビジネスはまさにこれに該当する。他と比べて圧倒的な低価格を実現できれば、一切宣伝をすることなく、圧倒的な量の仕事を確保することができるようになる。検索エンジンやSNSなどネットのインフラが広告宣伝の役割を果たしてしまうのだ。

低コスト戦略はある程度規模の大きい事業者が採用すると効果的な方法である。個人の場合により重要となるのは、差別化と集中化だろう。

他の人にはないスキルを持っており、それが、競合が参入しないニッチな分野で発揮されるのであれば、個人であってもその市場の中で大きなシェアを獲得することができる。ひとりのフリーランスが市場を総取りということが可能となるのだ。

ユーチューブの動画を使った英会話学習コンテンツ「バイリンガール英会話」で一躍有名になった吉田ちか氏などはその典型的なケースといってよいだろう。

吉田氏は、帰国子女で外資系コンサルティング会社に勤務していたが、動画の英会話コンテンツにニーズがあると思い立った。手持ちのデジタルカメラを使い、企画、演出、編集もすべて自分でこなして、ユーチューブに次々と英会話コンテンツをアップしていったのである。

評判はたちまちひろがり、あっという間に登録者10万人を超えるメジャーコンテンツに成長、ユーチューブの広告収入で生計を立てられるまでになった。彼女は今後も、こうしたコンテンツの有力な提供者になれるだろう。

彼女の場合には、英会話というわかりやすい形だったが、ネットインフラの整備がさらに進む新しい資本の時代には、ニッチな分野が次々と開拓されていくはずだ。

多くの人は、何らかの特技を持っているものである。ＤＩＹが得意で、そのユニークなノウハウを普遍化できる能力があれば、それは魅力的なコンテンツになる。料理、部屋の片付け、受験勉強、ペット飼育、買い物、子育てなど、分野はいくらでもある。

従来は、ちょっとした能力があっても、これを発揮する場はそうそうなかった。英語が得意でユニークな教育法を思いついたとしても、英会話学校で決まったカリキュラムに沿って教えるしかお金を稼ぐ方法はなかったのである。

新しい資本の時代には、こうしたコンテンツやノウハウを流通させる手段はすでに整備されている。特技さえあれば、だれでもそれを体系化し、お金に換えるチャンスが存在するのである。

ITツールを使いこなしているのに、頭はアナログのまま

ではこうした時代に、才能をうまく生かしてお金に換えるには、どのようなスキルが求められるだろうか。もっとも重要なのは、自分の特技を見つけ出し、それを汎用化する技術である。いくら自分に特技があるといっても、他人がそれをほしいと思わなければ意味がない。他人が理解できる形で、特技の中身を再構成する技が必要となってくる。

ウェブサイトの企画・開発といった業務をフリーランスで行っている人は多い。自らの宣伝もかねてオウンドメディア（自ら所有するメディア）を運営する人もいるだろう。メディアを持つこと自体は、だれにでも、そして安価に実現できるが、問題はその中身である。

自らの思いや能力をただ書き連ねているだけでは、読む人にはアピールしない。自身が持つ能力を、読み手が求める形にうまくアレンジできなければ、こうしたマーケティングは成功しないのだ。

人のツテで仕事を紹介してもらい、相手と会って自分を理解してもらうというのが当たり前だった時代においては、自らをメディアとみなし、不特定多数を対象としたコンテンツにアレンジするという概念は必要なかった。会って話をすれば、自分のことは何とか相手に伝えることができたからである。

このため、自らの能力を相手の文脈に合わせて表現するという感覚に乏しい人が多い。このような人は先端的なＩＴツールを使っていたとしても、実はアナログ時代の人間なのである。

せっかくブログを開設しているのに、自分の「思い」のオンパレードでアクセス数が少ないという人は、このあたりに原因があるのだが、本人はその状態に気付いていないことがほとんどである。新しい資本の時代においては、こうした自分オリエンテッドから相手オリエンテッドにマインドを切り替える必要があるだろう。

次に求められるのは、高い事務処理能力である。

発注者から継続的に仕事を受注するためには、発注、納品、請求といった事務処理をしっかりと定型化しておくことが重要である。これまでの時代は、結局のところ、人のツテや顔を合わせてのコミュニケーションが重視されるので、事務処理能力はあまり問題視されなかった。

だが新しい資本の時代においては、発注者がどれだけ事務処理の負担を軽減できるかは大きな評価ポイントとなる。できるだけシンプルで、かつ、統一性のある事務手続きを提示できるのが鍵となってくるだろう。

ビジネスがパーソナル化するということは、個人が法人のように振る舞うということでもある。このあたりが杜撰な人は、すぐにクラウドソーシングで別の人に取って代わられてしまうことになる。

「プチ・コングロマリット」を目指す

コングロマリットと聞くと巨大財閥を思い浮かべるかもしれない。だが、すでに存在するビジネスリソースを自由に組み合わせることが可能であるならば、これまで一定以上の規模がないと構築できなかったコングロマリットを中小企業や個人でも実現できるようになる。

何でも屋がとうとう成立する時代に

今後の日本は人口の減少が一気に進むとともに、年金財政の悪化が進み、多くの人が、生涯労働を余儀なくされる。つまり男性も女性も、一家全員、生涯働くのが当たり前の社会となってくるだろう。また、人口減少で住宅が余剰となるため、新築ではなく、既設のものを活用する方向に大きく傾いていくことになる。

そうなってくると、家事はもちろんのこと、家の中のちょっとした修理や片付けなど、大規模なサービスを利用するほどではないが、様々な作業をアウトソーシングしたいというニーズは確実に高まってくだろう。

水道や電気の修理に対応できるだけでなく、家の片付けや草刈りにも対応できるといった、マルチサービスを売りにしたビジネスは今後、増えてくる可能性が高い。

だが、こうしたビジネス形態は、必要に応じて蛇口ひとつから調達が可能だったり、手間をかけずに専門的なノウハウを獲得できる環境がないと成立しにくいものである。従来型社会の時代には、水道の修理ビジネスは、メーカーからの流通経路の関係もあり、専業の閉じた代理店網が形成されていた。こうした閉じた代理店網を維持するにはコストがかかるため、一定以上の販売が見込めないと代理店になることはできなかった。

しかしネットのインフラが活用され、営業コストが劇的に低下するということになれば、こうした代理店網も今よりオープンなものになっていくと考えられる。ネットを駆使すれば代理店網の維持にはほとんどお金がかからないので、月に1個しか商品を販売してくれないパートナーでも、ビジネス相手として成立するからである。

対象となる分野は、こうしたハード面ばかりではない。

これからは、子供の遊び相手と、英会話講師を兼ねたサービスが登場し、忙しい両親に代わって子供の面倒をみてくれるかもしれない。ネット上のリソースを使えば、ちょっとした努力で知育玩具の専門知識を得ることも可能となる。時には知育玩具を販売してその手数料で稼ぐということもできるはずだ。

営業という仕事のニュアンスも変化するかもしれない。

これまでも、顧客の問題を解決するソリューション型営業の必要性は議論されてきたが、単一の製品やサービスを大量に販売するのがビジネスの基本構造であることに変わりはなかった。だが、新しい資本の時代においては、多くの製品のコモディティ化がさらに進む。どこの製品を購入しても同じという状況に拍車がかかってくる。

これまで製品を販売するビジネスは、たくさん数を売って、メーカーから割り増しの販売手数料をもらうことが、利益を最大化する近道であった。だが、社会にはあらゆるモノが揃っており、人々はかつてのように頻繁に製品やサービスを購入しなくなった。

これからの営業活動は、メーカーの販売代理ではなく、利用者の購買代理としての性格がより強くなる可能性が高い。ひとつの商品を多数の顧客に販売するより、特定顧客の信頼を勝ち取って、顧客が必要とするものを、業種をまたがって売ったほうが、最終的には販売数量を稼げる可能性が出てきたからである。

10年後にはマルチタスク営業マンが当たり前の光景となるかもしれない。

地方は時代の先端を行っている?

実はこうした動きは、時代の進みが遅いと思われている地方都市で進展している。

地方は人口減少が著しく、地域を支えてきた生活密着型のサービスが次々と姿を消している。活力のある企業が、存続が難しくなった企業や店舗を自らのグループに加えていかないと、地域経済が存続できないというケースが増えてきているのだ。つまり人口減少と拠点集約社会の到来という意味では、地方都市のほうが先端を行っていることになる。

この結果、もともとは携帯電話販売会社だったのに、中古車販売や外食、コンビニなど、複数の業態を抱える形態となり、結果的に小さなコングロマリットを形成する企業が増えた。人口減少の波はやがて大都市圏にも波及するので、こうした業態は今後、日本全国で増えていくと考えられる。

こうした地方のプチ・コングロマリットには、新しい資本の時代に通じる考え方が浸透している。

たとえば、リフォームを主な業態とする企業が、存続の難しくなった地域特産品のメーカーを救済する事例を考えてみよう。従来のやり方では存続ができなかったのだから、同じような経営手法では再生は不可能である。

事業を再生するためには、まずは徹底的なコスト削減が不可欠であり、次に新しい販路の開拓という順番になる。

社員を解雇しないのであれば、メーカーで働いていた社員の一部は兼業化し、業績のよい部門の仕事を兼務させるのがもっとも合理的だ。仕事のやり方をマルチタスク化すれば、好調な部門での増員と低調な部門での人員削減が同時に実現でき、擬似的な人件費の削減が可能となる。これはコングロマリットならではの手法である。

ネットインフラの活用が前提になるという点も同様である。

外部から観光客を呼び込んで特産品の販売を強化する場合でも、逆に外部にその製品を売り込む場合でも、地方の場合、ネットの利用なくしては成立しない。

以前と比べ、ネットでの販売やマーケティングのコストは劇的に下がっており、専用の人員を配置する必要もなくなっている。リアルな店舗で販売の仕事を行いながら、外部のリソースを使ってネット販売を兼務することで、低収益事業でも何とか利益を確保することができる。

こうしたマルチタスクの業務スタイルに対する順応性が高い人は、あちこちで引っ張りだことなるだろう。反対にひとつのことしかできない、あるいはひとつの仕事に過剰なこだわりを持っている人は、新しい資本の時代には苦労するかもしれない。

アイデアは「数」で勝負する

社会の成熟化が進み、組み合わせのアイデアがより重要になってくることはすでに述べた。既存のリソースの組み合わせは無限にあるので、成果というものは、基本的に取り組んだ数に比例してくる。また、そのアイデアのほとんどはだれにでも思い付くものなので、どれだけ早く具現化したのかが勝敗を分ける。要は数とスピードである。

女性ひとりが2か月で24製品を開発するプチ・メーカー

最近、30歳の女性がたったひとりで電機メーカーを立ち上げ話題となっている。カシオ計算機の商品企画を担当していた中澤優子氏は独立して「ＵＰＱ」を創業し、社長となった。

資本金はわずか１００万円。創業からたったの2か月で24製品の企画・開発・販売にこぎ着けている。安い価格と特徴のあるデザインが話題となり、商品はほとんど一瞬で完売という盛況ぶりだ。

従来であれば、製造業を立ち上げるのは至難の業であった。商品企画に長い時間をかけ、設計を行い、試作を繰り返す必要がある。また製造ラインの維持は並大抵のことではない。この会社が、驚異的なスピードで事業を展開できるのは、極限までアウトソーシングを徹底し、ほとんどの業務をネットで完結させているからである。

同社のメンバーは社長ただひとりだけ。自身は商品のコンセプト立案に専念し、それ以外の工程はすべて外部にアウトソーシングした。

販売も、既存のネット通販サイトに特化しているので、専用にウェブサイトを立ち上げたり、決済システムを完備する必要はない。社内での手続きは、自分の意思決定だけなので、業務においてて余分なオーバーヘッドがかかることもない。まさに本書で解説した10年後の働き方をすでに実現しているのだ。

近い将来、本格的に3Dプリンタが普及する状況となれば、この動きはさらに加速するはずだ。同社がアウトソースしている先は、従来と同様の方法で製品の製造や管理を行っている。だが、3Dプリンタが本格的に普及すれば、マンションの一室でも製造請負が可能となる。自ら製造拠点を持つ、プチ・メーカーすら登場してくることになるだろう。

今のところ、同社の競合は少ないが、同じコンセプトのプチ・メーカーが次々と市場に参入してくることは間違いない。このような商品は、多くの人が考え付くものであり、できるだけ早く実用化に着手しないと、シビアな競争に勝ち抜くことはできない。

新しい資本の時代にビジネスで成功し続けるためには、とにかくアイデアをたくさん出し、次々と行動に移していく行動力が求められる。アイデアを多数用意しておき、現実的な障害が出てきたら、悩まずに次のアイデアにシフトする。とにかく大事なのはスピードだ。

知らない業種にも積極的にチャレンジ

ビジネスの分野を限定しないことも重要である。

これまでの時代はできることが限られていたので、いいアイデアを出すためには、突拍子もない考え方を排除することがむしろ重要であった。会議の場で他の業界分野にまたがるアイデアが出ても「その業界のことはよく知らないだろ」といって、斬って捨ててしまう光景は多くの人が目にしてきはずだ。

だが新しい資本の時代においては、複数の分野にまたがるアイデアでも、積極的に検討する価値がある。無関係と思われた分野や技術もＩＴインフラを使うことによって容易に結びつけることが可能となるからだ。

体温や脈拍といったバイタルデータのセンサーとスマホを連動させるアイデアは昔からあったが、これからの時代は、もっと幅の広い連携が必要である。

単純な健康管理アプリとしてではなく、ランニングを趣味とする人たち向けのリアルタイムデータ収集サービスにしてしまえば、それはまったく異なったビジネスとなる。皇居ランニングやマラソン大会など、同じ場所に集まることが多いという特徴を考えると、どちらかというとコミュニティ・ビジネスとしての色彩が濃くなってくるかもしれない。

このビジネスは、センサーに外気温や湿度などの機能も加えることで、局地的な気象情報収集ネットワークにもなる。ベースになっているサービスは個人の健康管理だが、スポーツビジネスや気象ビジネスにも展開が可能かもしれないのだ。新しい資本の時代には、縦割りの業界区分の発想は一旦捨てたほうがよい。

決して制限を設けない

さらに話を進めれば、多少荒唐無稽で奇抜なアイデアであっても、社会全体として一歩立ち止まり、前向きに検討する柔軟さも必要となってくる。

アメリカでは、スマホ上で交通情報をシェアするアプリサービスが普及している。混雑情報のシェアは、カーナビによるサービスの延長として思いつくが、面白いのはその先である。

そのサービスでは、一般的な交通情報に加えてパトカーの移動情報をクラウド上でシェアできるようになっている。しかも、行政側は必ずしもこれを敵視しておらず、中にはサンフランシスコ市警のように、警察の業務を補完するものとして肯定的に捉えるケースも出てきている。

同様に犯罪情報をスマホ上でシェアするアプリサービスも普及が進んでいる。新しいアイデアを否定せず、社会のシステムに取り入れていく雰囲気があると、アイデアがアイデアを生む好循環が発生し、結果的に大きな富を得ることが可能となる。

ちなみにアメリカは3Dプリンタを普及させ、製造業の光景を一変させようとしているが、実はアイデアを得意とする人たちはさらにその先を行っている。何か機械を使ってモノを組み立てるのではなく、機械自身が自分の力で組み上がっていく技術を開発しようとしているのだ。それがセルフアセンブリーである。

ある特定の相手としかつながらない継ぎ手を設計し、各素材にそれを実装する。この素材を水中に投げ込み、かき混ぜると、立方体や椅子などの形が自動的に組み上がっていく。また特定の組み合わせになると自動的に相互がきつく締まり、固定された形状になるという部材も研究が進んでいる。素材が自ら組み上がっていくことになれば、将来は、3Dプリンタの工場すら必要なくなるかもしれない。

人工知能時代にモノを言うのは「論理力」

本書では、何度も説明してきたが、人工知能の発達で、人が持つ知的能力の一部はコンピュータが代行できるようになる。だがいくら人工知能が発達しても、ビジネスのノウハウを人工知能に移植するという作業は当分の間なくならない。

人工知能は自己学習機能を備えているので、最終的には、自ら学んでこうしたノウハウを吸収できるようになる。だが、人間が何もしなくても、すべてを学習できるレベルになるまでにはかなりの時間がかかるだろう。それまでの間は、人工知能に対してノウハウを教える立場の人が社会では重要視されることになる。

仕事ができるだけでは意味がない

この話は人工知能というキーワードが入っていることで、近未来的なイメージを持つかもしれないが、今の社会にあてはめてみれば、「マニュアル化」が上手い人ということになる。

マニュアルといっても、ただ紙にまとめればよいという話ではない。ＡＶ機器に代表されるように、世の中には意味不明でわかりにくいマニュアルが氾濫しているからである。そうではなく、仕事をうまく進めるためのエッセンスを上手に抽出し、一般化してそれを説明できる能力といったほうがより的確かもしれない。

ノウハウの一般化は、新しい資本の時代における重要な評価ポイントとなる。

従来型社会では、企業の営業部門であれば、断トツに営業成績がよい人がもっとも仕事がデキる人とみなされていたはずである。だが、営業が断トツにできる人の中には、才能に依存し過ぎており、なぜ自分が卓越した営業成績を残せるのか他人に説明できない人がいる。このような人は、他人にそのノウハウを移植することができない。

管理部門も同様である。コミュニケーション能力に難があっても、卓越した財務の知識とセンスがあれば、以前はエース級の人材と言われただろう。しかし、このタイプの人の中には、トップ営業マンと同様、そのノウハウを汎用化できない人が一定数存在しているのだ。

人工知能が自己学習機能を備えるようになるとはいえ、ビジネス上のノウハウは、あらかじめ体系化、構造化されているほうが圧倒的に効率がよい。

これからの時代には、営業成績は２番目でも、そのノウハウを体系化し、人工知能への移植をサポートできるような人材が高く評価されることになるだろう。基本的に仕事に必要とされる能力が大きく変わるわけではないが、体系化、汎用化の比重が高まってくることは間違いない。

クリエイティブな仕事でも必要なのは論理性

こうした能力は、クリエイティブなど、これまで感性がモノを言うと思われていた職種でも同じことになる。クリエイティブな仕事に就いていたとしても、どういった内容でどのような切り口の文章が顧客から求められているのか、どのようなデザインが顧客の心に響くのか、一般法則に落とし込む能力が求められるようになるはずだ。

だが、非クリエイティブ系の仕事と同様、実はこうした能力は以前から求められていたものであった。人工知能の発達はそれを後押しするだけである。

高い実績を残しているデザイナーは、だれもが驚くデザインを芸術的センスで創造していると思われがちだが、必ずしもそうではない。むしろ、実績のあるデザイナーほど、顧客満足度を強く意識しており、顧客の選択肢を広げているケースは多いのだ。

同じコンセプトで雰囲気の異なる何十種類ものデザインを提示し、顧客側にデザインを選ばせるのである。顧客はデザインの素人であることがほとんどだが、お金がかかっているので、なかなか決断できない。会議では「少し暗いんじゃないか」「もっと若々しい雰囲気のほうが」など、根拠のない議論を延々と繰り返している。

会議において飛び出してくる異論に対応できるパターンをすべて用意しておけば、最終的に顧客は安心してどれかに決断することができる、というわけだ。

実は、芸術的センスと呼ばれているものの何割かは、こうした、顧客ニーズの一般化だったりするのである。こうした対応ができるクリエイターは、人工知能時代にはさらに多くの顧客を獲得し、大きな富を得ることができるだろう。感性の世界も実は論理力がモノをいうのだ。

クリエイターがそうであるならば、ビジネスを創造するクリエイターともいうべき起業家の世界にも同じことがあてはまる。

これまで起業家精神（アントレプレナーシップ）というのは、個人のセンスに大きく依存しており、汎用化が難しいと言われてきた。このため経営学の分野でも、アントレプレナーシップは少し特殊な分野とされてきた。

だが近年、アメリカを中心にベンチャービジネスに対する学術的研究が進み、起業家の才能に依存すると思われていたイノベーティブなビジネスも、ある程度までは汎用化が可能であることが知られるようになってきた。

アメリカのシリコンバレーは、優良なベンチャー企業を効率的に再生産できるという意味でエコシステムと呼ばれているが、こうした循環的なビジネスインフラが成立するのも、ノウハウの汎用化に成功したからである。

これからの起業家は、必ずしもエキセントリックな天才タイプである必要はない。周囲のビジネスリソースをうまく活用し、それをマネジメントできる能力があれば、どんな人でも起業家に転身することができる。

従来社会において、大企業のビジネスマンとフリーランス、起業家には、それぞれ異なった人物像が求められていた。しかし、新しい資本の時代において、三者の人物像に大きな違いはなくなってくる。近い将来、3つの世界を自由に渡り歩く、新しいタイプのビジネスマンが多数登場しているかもしれない。

知恵とアイデアを「資本」に組み入れる

資本にはこれまで2つの意味があった。それはビジネスに成功した結果としての「お金」。もうひとつは、新しくビジネスを始めるための軍資金としての「お金」である。これからの時代は、結果としてのお金しかあまり意味をなさないかもしれない。

お金のためのお金は必要ない

従来型社会では、大きなお金を動かすためのビジネスインフラの構築には、お金が必要だった。つまりお金儲けをするためには、お金が必要だったのである。従来社会で銀行が絶大な影響力をもっていたのはそのためである。

まとまったお金がないと、外部から資金を調達する必要があり、利益のかなりの割合が資本コストという形で資金提供者に還元されてしまう。

たとえば、1億円の資金を銀行から調達してビジネスを立ち上げるケースを考えてみよう。

銀行から調達した1億円の資本は、先行投資や設備に消えてしまう。会社は、事業から得た利益の中から利子とともに、銀行に資金を返済しなければならない。

その事業がうまく立ち上がり、年間4000万円の利益を得たとする。事業の利益には税金がかかるので、実質的な収入は2000万円だ。5年で返済という契約の場合には、毎年の返済額は残った利益の全額である2000万円ということになる。

つまり、利益のほとんどすべては返済に回ってしまい、手元に資金は残らない計算だ。しかも、資金の調達には利子がともなう。利子が5％だとすると、初年度は、返済分に加えて単純計算で500万円の利子を加えなければならない（利子分は控除できるので少し税金は安くなる）。

そうなると、この会社は結局のところ、初年度2500万円を銀行に支払う必要に迫られる。黒字経営にはなっていても、多くのお金が銀行に還流されてしまう。借り入れのある会社というのは、半分銀行のために事業を行っているようなものなのだ。

融資ではなく投資という形であれば、返済の義務はなく、利子も発生しない。しかし、資金の出し手は、会社が成長したら、その会社の経営権（株式）を売却して、大きな利益を得ようとする。投資を受け入れた場合には、返済の義務がない分、高い成長を出資者から強く求められることになる。資本のために動くという意味では、両者にはあまり違いがなく、これが資本主義というシステムが持つ厳しい側面なのである。

お金を稼ぐためにはお金が必要という、矛盾に満ちたシステムがこれまでの常識であり、そうであるからこそ、一定の軍資金を確保することはとても大事なことだった。お金のある人のところにお金が集まるとよく言われるが、そうなってしまうのも、お金儲けにはお金が必要だったからである。

ところが新しい資本の時代においては、多くの資金が必要とされなくなる。むしろアイデアや機動力、知恵といった、資本とは関係ない要素がビジネスの成否を決めることになる。

以前、知識が資本に取って代わるという意味で「知本主義」などという言葉が流行ったことがあったが、基本的な考え方は同じである。ただ、単純な「知識」ではなく「知恵」のほうがより高い付加価値を持ってくるという点が重要だ。

アイデアや知恵こそが資本となる

これからの時代は、お金を持っていることの優位性が下がってくる。ビジネスで成功して大きな富を得たとしても、その資金を再投資して、さらに資金を増やすというサイクルは描きにくくなるだろう。新しいアイデアを出し続けないと、富は拡大していかないのだ。

ホリエモンが自身の資産運用について面白いことを言っていた。

どのような商品に対して投資をしているのかという問いに対して、彼は株式市場に上場しているような銘柄や不動産といった既存の投資商品にはほとんど投資しないと答えている。では何に投資をしているのかというと、新しいベンチャービジネスへの投資がほとんどだという。

規模は小さいが革新的なビジネスに投資をしているほうが、投資対象をコントロールしやすいし、成功した場合には圧倒的なリターンが得られるので有利な運用だという。

これは、多分にリップサービス的な面があり、ホリエモンに対して世間が求めるイメージに沿うように応対している面は否定できない。ただ、投資に対する彼の基本的な考え方は、新しい資本の時代と合致している。

一昔前であれば、ネットで成功した実業家は、その富を不動産や一般的な上場企業、債券といった、いわゆる手堅い商品に再投資することが多かった。ネットの新規事業はリスクが高く、何度も連続して成功する確率は低いと、本人も考えていたのである。

だが、新規性の高いビジネスの参入障壁が低くなり、リアルなビジネスへの投資から得られるリターンが減少するということになると、新しいビジネスを次々と立ち上げたほうが、より多くの富を得られることになる。

これはお金のない人にとって、大きなチャンスが到来したことを意味している。

第4章で触れたピケティ理論は、投資によって得られるリターンが労働によって得られるリターンより大きいことから、資本を持つ者が有利になるという結論であった。筆者は新しい資本の時代には、このピケティ理論が成立しなくなるかもしれないと書いたのだが、現実は少し違う。ピケティ理論が成立しないのではなく、資本の定義が変わってくるのである。

ピケティが資本として定義しているのは、マクロ経済におけるあらゆるストックのことであり、必ずしも特定の金融資産のことを指しているわけではない。広い意味では、あらゆる資産が富の対象として捉えられており、間接的にはアイデアといった知的資産もそこに含まれることになる。

ピケティのこの考え方を私たちの実生活に応用すれば、個人が持つ資産というのは、何も金融資産に限られる話ではないことがわかる。これまでのキャリアで得られたノウハウや知恵、アイデアなど、あらゆるものが資産であり、それらを総動員することで、「自分」という資産から収益を得ていくという考え方が重要である。

従来は、労働者として働くよりも資本を蓄積し、お金に働いてもらったほうがより豊かになることができた。新しい資本の時代には、知恵を蓄積し、自身の知恵に働いてもらうことの重要性が高まってくる。

安易にお金に頼らないことが、逆にお金を引き寄せるのである。

権威に頼らない人になる

お金の持つ意味が相対的に小さくなると、人や組織の力関係も変化する。富の創造に大きな資金が必要な社会では、資本をコントロールできる立場の人が持つパワーは相対的に大きくなる。逆に新しいビジネスの創造にそれほど資金が必要とされなければ、資本をコントロールできる人のパワーも低下してくることになる。

日本はレントシーキングの国だった

資本主義社会では、資本を持つ人のパワーは常に強いのだが、同じ人や組織が資本を持ち続けているとは限らない。そこには競争原理があり、いくら有利であっても同じプレーヤーが勝ち続けることは難しいからである。

ところが、資本が国家よってコントロールされている国では、資本をコントロールできる人や組織の新陳代謝がなく、場合によっては独占的に資本が維持される。こうした国では、資本を握っていることが絶対的な権威となり、権威にどれだけ近くにいるのかで、富の大きさが決まってくる。

経済学の世界には、レントシーキングという言葉がある。これは政府の参入規制によって生じる独占利益を獲得するために、ロビー活動を展開することを指している。もっとわかりやすい言葉でいえば利権である。

資本が国家によって独占されている場合には、経済活動の多くがレントシーキング的なものとなる。新しい事業を起こせる人は、政府組織と近い人だけである。こうした人との関係は利権となり、それを得るための資金や活動は生産とは結び付かず、社会全体の効率は悪くなってしまう。

中国や北朝鮮といった共産圏の国々や、中南米の独裁国家は、レントシーキング社会の典型といえる。だが表面的には自由主義経済のシステムを採用していても、資本がどれだけ独占的にコントロールされているのかは国によって大きな違いがある。自由主義経済のシステムを採用している国の中では、日本はレントシーキングの色彩が強い部類に入ると考えてよいだろう。

護送船団方式という言葉に代表されるように、金融システムは、官庁を中心としたヒエラルキー構造の中で固定化されている。政府系企業やそれに類する企業の力は強く、多くの業界に政府が規定した参入規制があるため新規参入は難しい。

税制面でも多くの優遇措置がある。政府の規制と密接な企業には、租税特別措置という制度が適用されており、法人税が優遇されている。また、税制と補助金をセットにした支援プログラムも多数存在する。

新しいビジネスをスタートさせるには、大きな資本が必要であり、そのためには、必ず資本を独占している政府やそれに近い組織が関与することになる。

彼らは全体の利益よりも、自身の利益を優先するので、資金は非効率的に配分されがちである。日本の貧困率はヨーロッパ各国とくらべて突出して高く、自由競争を極限まで追求しているアメリカとほぼ同水準となっている。日本は過度な競争を否定しているはずなのに、そのような結果になってしまうのは、各種リソースが最適に配分されていないからである。

政府の規制の恩恵を受けているという意味では、上場企業のかなりの割合がレントシーキングのビジネスをしているといっても過言ではない。日本では何度も規制緩和の議論が行われ、特定企業に対する優遇を廃止するべきという議論が行われたが、ほとんど実現していない。

政府から恩恵を受けている大企業やその関連企業、取引先ということになると、かなりの数にのぼるため、規制緩和を実施すると、多くの人が超過利益を得られなくなってしまう。日本において改革が進まなかったのはある意味で当然の結果なのである。

本当の意味での対等なパートナーシップへ

これまでは、リスクを取って新しいビジネスに挑戦するよりも、政府や自治体から補助金をもらったり、補助金が交付される企業と取引したり、あるいは、そうした企業に就職することが圧倒的に有利であった。

だが、新しい資本の時代においては、発想の転換が必要である。富の創造にそれほど資本が必要ないということになると、こうした利権を介さずに富を得るほうが合理的になってくる。つまりお金儲けに権威や権力は必要なくなってくる可能性が高いのだ。

独占的に資本をコントロールできる立場に近づくことで得られる利益は、これからますます小さくなってくると考えたほうがよい。

こうした関係性のあり方は企業と企業、企業と個人についても同じである。

日本の企業グループは、これまで重層的な下請け構造を形成してきた。ある大手企業の傘下にある下請け企業は、他の系列企業とは取引せず、その代わり、一定レベルの利益を保証してもらうという関係が出来上がっていた。

企業と個人も同様で、企業から破格に安い価格で受注するフリーランスが数多く存在し、それが企業のコストダウンにつながっていた。

だが、ネットインフラを使ったマッチングによって市場が最適化されれば、こうした一方的な上下関係を基本とした取引を維持することは難しくなる。一定の利益が見込めない仕事は安易に受けないというフリーランスは今後、間違いなく増えてくるだろう。

会社と個人の雇用形態が多様化しているアメリカでは、何をもってフリーランスと呼ぶのか定義しにくくなっているが、すでに約3割の労働者が自身をフリーランスと認識しているという。また自営業者として統計にカウントされている人のうち、付加価値の高い専門サービスに従事する人は2割を超えている。

ここまでフリーランス化が進むと、企業は権威を盾に一方的な契約を迫ることはほぼ不可能となる。日本も近い将来、同じような状況になる可能性が高く、企業とフリーランスの関係は大きく変化すると思ったほうがよい。

仕事を出す側も受ける側も、権威に頼らず、対等なパートナーシップを構築できる人材でなければ、プロジェクトをうまく進めることができない時代となりつつある。

マルチインカムで収入を増やす

労働は生活するための苦役。そう考えている人は多いだろう。確かに命じられてする仕事はあまり面白いものではない。だが今後、仕事のパーソナル化が進むのであれば、仕事に対する考え方も変えていくべきである。自分の好きなことを仕事にするのが理想だが、すぐに皆がそのような環境に移行できるわけではない。とりあえずは、マルチインカム化を試みるのが現実的だろう。

サラリーマンであれば、積極的に副業を考えてみることをお勧めする。副業なら失敗しても大した問題にはならないし、何度でも挑戦できる。オークションでの転売を始めてみたら意外とハマってしまうかもしれないし、ネット講師としての面白さに目覚めるかもしれない。とにかくやってみることは何よりも大事なことである。

結婚しているなら、家業として副業に取り組むのもよいだろう。小さくてもよいので、夫婦が協力して何かの事業を成し遂げることは、家庭円満の秘訣である。これは経済的に成功した多くのカップルが証言している。

収入を多様化できれば、心に余裕ができ、それが安心感につながってくる。経済的自由と精神的自由の両方を同時に手にすることも可能となるのだ。

おわりに

２０２０年開催の東京オリンピックをめぐっては、メイン会場の設計やエンブレムのデザイン選定など、以前の日本では想像もできなかったお粗末な出来事が頻発した。

こうした問題が発生した原因について簡単に断定することはできないが、日本経済に余裕がなくなっていることと大きく関係しているのではないかと考えた人は少なくないだろう。

本書でも指摘したが、日本はここ20年の間にすっかり貧しくなってしまった。

日本はかつて、豊かさの指標である1人当たりＧＤＰにおいて世界1位であった。だが、年々順位を落とし、２０１３年にはＯＥＣＤ加盟国で19番目となっている。25年にわたる長期不況によって相対的な経済規模が縮小し、購買力が大幅に低下してしまったのだ。

以前の日本にも、いわゆる利権と呼ばれるものはたくさんあり、全国に無駄な橋や道路が数多く建設されていた。だが、今回の国立競技場のような、節度をなくした案件というものは目にしなかった。その理由は、おそらく日本全体が相対的に豊かだったからである。

最近では大きなお金が動く案件が少なくなり、オリンピックという巨大プロジェクトに

おわりに

すべてが集中する形になってしまった。新国立競技場の建設費があのような価格に跳ね上がってしまったのは、この利益に関与したいという人や企業からの無数の要求が積み上がった結果と考えるのが自然だろう。

人間とは悲しい動物で、多分に唯物的な存在である。すべての人がそうではないが、経済的に苦しい状況に追い込まれると、行動に節度がなくなってくるものである。しかも、過去の歴史を振り返れば、一度、経済水準を落とした国が再び浮上するのは容易なことではない。

だが、幸いなことに世界は何十年に一度の大きな変革期を迎えている。

新しい資本の時代は、知的資本の蓄積がモノを言う時代であり、経済規模の小ささはハンデにはならない。資金が豊富ではない人にとっても、平等にチャンスがあり、少ないリスクで大きな資産を作ることができる社会になる。

こうした個人の活動が積み重なれば、日本経済全体も活性化してくるはずだ。経済的に劣勢に立たされた日本にとって、これからの10年は、遅れを挽回する最後のチャンスとなるかもしれない。

一方で、新しい資本の時代は、資本を持っていることが絶対的優位につながらないため、競争がより激しくなる可能性もある。チャンスには満ちあふれているが、常に新しいアイデアを出し続けていないと、たちまち追い抜かされてしまう。

来たるべき新しい資本の時代は、私たちにとって幸せなのか、それとも不幸なのか。これについて、時代の鍵を握る企業のひとつであるグーグルの創業者2人は対照的な意見を述べている。

創業者のひとりであるラリー・ペイジ氏は、近い将来、人間は忙しく働く必要がなくなるとの見解を披露している。ペイジ氏は「私たちが幸せに生活するための資源はそれほど多くない。今の1％程度あれば十分であり、不必要な活動が、過剰な忙しさや環境破壊の原因になっている」と指摘している。従来社会は無駄だらけであり、ITによってその無駄を極力排除できるという主張である。

無駄を排除するというのは、本書でも指摘したシェアリングエコノミーやITによる最適化のことを指していると考えられる。つまり、テクノロジーをフル活用すれば、人間は無駄なことに時間を使わずに、幸せに生活できるという主張だ。

確かに現代の工業化社会は、それを維持するためにさらに資源を浪費するという側面があり、実際に人間が生きていく上で必要となるレベルをはるかに超える資源を無駄使いしているという指摘には一理ある。テクノロジーの進化によって、社会の効率が上がり、従来、8時間かけて行っていた仕事を2～3時間程度でこなせるようになれば、人間は心身ともに豊かに暮らせるのかもしれない。

しかし、同じくグーグルのもうひとりの創業者であるセルゲイ・ブリン氏はまったく正反対の主張をしている。人間には限りない欲求があり、時間に余裕ができても、人々はそ

おわりに

れ以上の娯楽を求めるため、労働力に対するニーズは変わらないという。

かつて農業が産業の中心だった時代には、人間の労働力のほとんどは、食料品を生産することだけに費やされていた。工業化によって、食料の生産に必要となるコストが激減し、人間にはたくさんの余暇が生まれたが、人間の欲求があらたな産業を生み出し、解放された時間をゆっくり堪能するような状況にはなっていない。どこまでいっても人間の欲にはキリがないというブリン氏の指摘のほうが正しいのかもしれない。

どちらに転ぶのかはわからないが、テクノロジーの進歩によって、リソースの最適化が進み、社会の構造が大きく変化するという流れは変わらない。

ポジティブであれネガティブであれ、新しい時代としっかり向き合うためには、何が起こっているのかを的確に理解することが大事である。それさえできていれば、進むべき道を見失うということはないはずだ。

本書は、これまでと同様、ＣＣＣメディアハウスの土居悦子さんの尽力で完成させることができた。この場を借りて深く感謝の意を表したい。

加谷珪一

加谷珪一（かや・けいいち）

東北大学卒業後、日経BP社に記者として入社。

野村證券グループの投資ファンド運用会社に転じ、企業評価や投資業務に従事。企業のオーナー社長やファンド出資者（個人投資家）など、数多くの超富裕層とじかに接する。

2000年、独立してコンサルティング会社を設立。企業に対する経営コンサルティング、ITコンサルティング、資産運用アドバイス等を行うほか、中央省庁や政府系金融機関などに対するコンサルティング業務も行う。

そのかたわら、お金持ち特有の行動パターンを解き明かした「お金持ちの教科書」、ビジネス成功者の法則を探った「出世の教科書」など複数のウェブサイトを運営。お金持ちの行動分析から成功パターンを導き出し、自ら実践、億単位の資産を運用する個人投資家になる。

現在は、ビジネス、経済、マネー、政治など多方面の分野での執筆活動も積極的に行っている。『お金持ちの教科書』『大金持ちの教科書』『図解 お金持ちの教科書』（いずれもＣＣＣメディアハウス）、『お金は「歴史」で儲けなさい』『億万長者の情報整理術』（朝日新聞出版）、『あなたの財布に奇跡が起こるお金の習慣』（かんき出版）、『稼ぐ力を手にするたったひとつの方法』（清流出版）など著書多数。

オフィシャルサイト　http://k-kaya.com

これからのお金《かね》持《も》ちの教科書《きょうかしょ》

2015年12月7日　初版発行

著　者　加谷珪一
発行者　小林圭太
発行所　株式会社ＣＣＣメディアハウス
〒153-8541　東京都目黒区目黒1丁目24番12号
電話　03-5436-5721（販売）
03-5436-5735（編集）
http://books.cccmh.co.jp/

装　幀　松田行正＋日向麻梨子

組版・DTP　朝日メディアインターナショナル株式会社
印刷・製本　大日本印刷株式会社

ISBN978-4-484-15225-7